중국 특허출원 히든 노트

한국지식재산협회 KINPA(Korea Intellectual Property Association)

2008년 출범 이래로 IP 경영 및 특허 분쟁 대응 방안에 대한 정보와 노하우를 공유하는 등 다양한 활동을 통하여 IP 분야 최고의 산업계 단체로 자리잡았다. 또한 IP 관련 서비스 업체 등과의 협업을 통해 활동 저변을 확대하였다.

지식재산 정책에 대한 협회의 의견을 제안하는 등 IP정책 수립 및 제도 개선에 있어 정부 및 유관 기관과 협력 관계를 구축하고 있으며, 글로벌 지식재산 이슈에도 체계적으로 대응하고 있다. 특히, 주요 5개국 특허청 및 산업계 기관 회의인 IP5 회의체에 한국 산업계 대표기관으로 참여하여 우리나라 기업의 의견이 글로벌 IP정책 수립에 반영될 수 있도록 노력하고 있다. 또한 해외 지식재산권 관련 기관과의 지속적인 교류를 통해 상호 이해 증진과 애로사항 해소를 위한 우호적 관계 형성에도 힘쓰는 중이다. 아울러, 특허분쟁 및 소송 등으로 어려움을 겪는 기업이 도움을 주고받을 수 있는 창구를 마련하여 기업 간 상생 및 협력 체계를 구축하고 있다.

본 도서는 한국지식재산협회(KINPA)의 지식재산(IP) 기업 실무서 시리즈, **KINPA INSIGHT**의 첫 번째 도서입니다.

중국 특허출원
히든 노트

오영순 지음

머리말

이 책은 중국 특허출원에 관한 실무적인 내용, 특히 한·중 특허번역을 다루고 있습니다. 중국 특허출원에 대해 궁금하는 분은 물론이고, 현재 특허출원 및 관련 분야에 종사하고 있는 분들에게 업무적으로 실질적인 도움이 되었으면 하는 마음에서 이 책을 썼습니다. 또한 한·중 특허번역에 대해 관심이 있지만 입문 장벽이 있어 망설이는 분들이 쉽게 이해할 수 있도록 단순 이론이 아닌 실무 중에서 쌓아온 판례 및 대량의 예를 들어 설명하였습니다.

대중들에게 잘 알려지지 않은 전문 분야인 중국 특허출원 관련 내용을 다룬 이 책이 빛을 보게 해주신 한국지식재산협회 및 넥스트씨 사장님과 임직원 일동에게 진심 어린 감사의 말씀을 전합니다.

끝으로, 항상 저를 지지해 주는 사랑하는 가족, 이 책의 집필을 시작하고 끝까지 노력의 끈을 놓지 않도록 이끌어주신 모든 고마운 분들에게 이 책을 드립니다.

저자 오영순

목차

제3장 한·중 특허출원서류 번역에서 주의할 점

중국 특허 출원 히든 노트

제1장

중국 특허출원서류,
어떻게 작성할까?

발명과 실용신안 특허의 출원서류 개요, 청구범위 및 명세서의 작성 요구

발명과 실용신안,
특허출원서류에 대해 알아봅시다

중국 〈중화인민공화국전리법中华人民共和国专利法, 이하 〈특허법〉〉 및 〈중화
인민공화국전리법실시세칙中华人民共和国专利法实施细则, 이하 〈실시세칙〉〉은 발
명, 실용신안 및 디자인 특허권의 취득, 실시 및 보호를 조정하는 법률 규범
이다. 그중 특허출원, 심사허가, 복심复审 및 무효는 특허제도의 중요한 내용
이기도 하다.

실용신안 및 디자인의 출원은 예비심사를 거쳐 수권 조건에 부합되면 특
허권을 부여하는 반면, 발명 특허의 출원은 예비심사, 실질심사를 거쳐 수권
조건에 부합되어야만 특허권을 부여한다.

만일 출원한 특허가 예비심사 또는 실질심사 과정에서 수권 조건에 부합
되지 않는 경우, 국가지식산권국전리국이하 '특허국' 심사원은 보정서 또는 심사
의견통지서를 발송한다. 특허출원인 또는 그 특허대리인은 보정 또는 답변
을 통하여 통지서에서 지적한 결함을 극복하면 특허권을 부여받을 수 있다.

만일 출원인 또는 그 대리인이 보정 또는 답변 후에도 여전히 수권 조건에 부합되지 않은 경우 해당 특허출원은 기각된다. 기각된 특허출원 건에 대하여 출원인은 전리복심위원회专利复审委员会, 이하 '복심위원회'에 복심 신청을 제기할 수 있다. 또한 누구라도 수권된 특허에 대하여 복심위원회에 무효선고를 제기할 수 있다. 복심 또는 무효선고의 결정에 불복할 경우, 당사자는 북경지식산권법원에 행정소송을 제기할 수도 있다.

발명, 실용신안 및 디자인 특허의 출원, 심사허가, 복심 및 무효선고 제도의 운영 과정은 다음 표로 정리할 수 있다.

발명과 실용신안의 보호 주제

〈특허법〉제2조 제2항의 규정에 의하면 발명은 제품, 방법 또는 이의 개량과 관련하여 고안된 새로운 기술방안을 말한다. 즉, 발명 특허의 보호주제는 제품일 수도 있고 방법일 수도 있다.

그러나 모든 제품과 방법이 특허권 보호를 받는 것은 아니다. 〈특허법〉제25조에서는 총 6가지 특허출원 주제에 대해 특허권을 부여하지 않는다고 규정하였다.

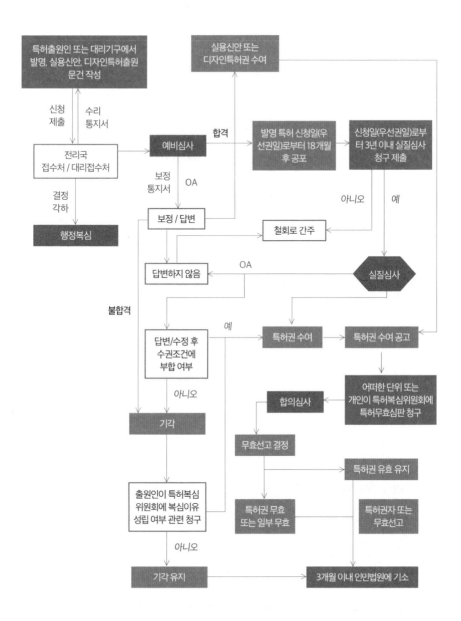

중국 특허제도 운영과정

❶ 과학 발견

❷ 지능 활동의 규칙과 방법

❸ 질병의 진단과 치료 방법

❹ 동물과 식물의 품종

❺ 원자핵 변환 방법으로 얻은 물질(원자핵 변환 방법 포함)

❻ 평면인쇄물의 도안, 색채 또는 양자의 결합으로 만들어낸 주로 식별 작용을 하는 디자인

앞 네 번째 항에서 열거한 제품의 생산방법에 대해서는 본 법의 규정에 의거하여 특허권을 부여할 수 있다.

❶~❺는 발명과 실용신안 관련 특허권을 부여하지 않는 주제이고, 마지막 ❻은 디자인 특허권을 부여하지 않는 주제이다.

이외 〈특허법〉 제5조에는 다음과 같은 경우에도 특허권을 부여하지 않는다고 규정하였다. 즉, 법률, 사회 공중도덕을 위반하였거나 또는 공중이익에 방해되는 발명창조, 법률 및 행정법규의 규정을 위반하여 유전자원을 취하거나 이용하였으며, 해당 유전자원에 의하여 완성된 발명창조에 대해 특허권을 부여하지 않는다.

한편, 〈특허법〉 제2조 제3관의 규정에 따르면 실용신안은 제품의 형상, 구조 또는 그 결합에 대해 제출한 실용에 적합한 새로운 기술방안을 가리킨

다. 〈특허법〉 제5조 및 제25조의 규정도 마찬가지로 실용신안 특허에 적용된다.

실용신안 특허출원의 특허권 부여 주제는 발명 특허출원과 비교하면 2가지 면에서 본질적으로 구별된다. 첫째, 실용신안 특허의 보호대상은 제품이며, 방법은 보호하지 않는다. 둘째, 실용신안 특허는 형상과 구조가 있는 제품만 보호한다. 예를 들어, 구조를 개량한 볼펜은 발명 특허를 출원할 수도 있고 실용신안 특허도 출원할 수 있다. 하지만 도자기 제품의 제조공정은 발명 특허만 출원할 수 있고 실용신안 특허는 출원할 수 없다. 화합물, 잉크 등 형상 구조가 없는 제품은 발명 특허만 출원할 수 있다.

따라서 이 책에서 향후 언급하는 내용 중 방법에 대한 청구항 등은 발명 특허출원서류에만 적용되며 실용신안 특허출원서류와 연관이 없다.

발명과 실용신안 특허서류

중국에서 발명, 실용신안 및 디자인 등 3가지 특허■의 출원, 심사 허가, 복심 및 무효선고 운행 과정과 관련된 서류는 크게 특허출원서류와 중간서류 2가지로 나누어진다. 출원 및 심사 단계에서 특허출원서류에 문제가 있으면 심사 수권 및 권리 확정 절차에서 중간서류가 발생하게

3가지 특허 중국의 특허에는 발명, 실용신안, 디자인 3가지 종류가 포함된다. 이 책에서는 발명 특허를 주로 다루고자 하며, 특별한 설명이 없는 한 '특허'는 '발명 특허'를 일컫는다.

되고, 이로 인해 해당 특허출원 등록 과정이 지연되거나 심지어 중단될 수 있다.

따라서 특허출원서류와 중간서류를 통틀어 특허서류라 하며, 특허서류 작성이라고 하면 특허출원 앞 단계의 특허출원서류 작성 외에도 중간서류의 답변 처리 및 출원서류 보정이 포함된다. 이 책에서 주로 다루고자 하는 특허서류 작성은 주로 특허출원 앞 단계에서의 특허출원서류 작성임을 미리 밝혀둔다.

── 특허출원서류

특허출원 시 특허국에 서면 또는 기타 규정된 방식으로 특허출원서류를 제출해야 한다.

특허출원서류는 일종의 법률 서류로서 그 역할은 다음과 같다.

❶ 특허국에서 특허출원에 대한 심사 허가 절차가 시작된다.

❷ 사회에 발명창조의 내용을 공개하여 당업자가 실시 가능하도록 한다.

❸ 출원인이 해당 발명창조에 대해 요구하는 보호범위를 밝힌다.

❹ 특허국이 특허출원서류의 내용에 대해 심사를 진행함에 있어서 출원 시 제출한 특허출원서류는 심사의 원시적 근거이다.

❺ 특허권 허가 후 수권된 텍스트는 특허침해를 판단하는 근거가 된다.

발명 및 실용신안 특허출원서류로는 출원서请求书, 청구범위权利要求书, 명세서说明书■, 명세서도면说明书附图, 명세서요약서说明书摘要, 요약서도면摘要附图, 대표도이 있다. 발명 특허의 명세서에서 문자로 충분히 명확하고 완전하게 기술방안을 기술할 수 있다면 명세서 도면이 없어도 된

> **명세서** 중국에서 특허 명세서는 한국의 특허 명세서와 비슷한 개념이지만 보다 좁은 의미로 사용된다. 즉, 한글 특허 명세서에서 요약서, 청구범위를 제외한 부분이 중국의 특허 명세서에 해당된다.

다. 반면 실용신안 특허에는 반드시 명세서 도면이 있어야 한다.

디자인 특허의 출원서류에는 출원서, 디자인 이미지 또는 사진, 디자인에 대한 간략한 설명이 포함된다.

출원서는 출원인이 특허국에 특허권 부여를 신청하는 서류로서, 출원서를 통해 특허출원과 심사 허가 절차가 가동된다. 출원서에는 발명 또는 실용신안의 명칭, 출원인의 명칭 또는 이름, 주소, 발명인의 이름 및 기타 사항을 명확히 기재해야 한다. 특허국에서 통일적으로 인쇄제작한 '발명 특허출원서' 및 '실용신안 특허출원서' 양식이 있으므로 출원인 또는 특허 대리인이 작성요구에 따라 기입하면 된다.

출원서, 명세서 및 청구범위는 모든 발명 또는 실용신안 특허출원 시 제출하는 필수 서류이다. 특별한 경우에 한해서만 제출하는 서류는 기타 서류로 분류된다. 예를 들어, 특허 대리위임서专利代理委托书, 특허대리기구에 위임하여 특

허출원 수속을 처리하는 경우, 선출원서류 사본在先申请文件副本, 국내우선권 또는 해외우선권을 요구하는 경우, 신규성 상실 예외 증명자료不丧失新颖性公开的证明材料, 신규성을 상실하지 않은 공개 유예기간을 요구하는 경우, 생물재료 기탁 증명 및 생존 증명生物材料保藏证明和存活证明, 생물재료 관련 발명 특허출원 시, 뉴클레오티드 또는 아미노산 서열표의 컴퓨터 가독형식 사본核苷酸或氨基酸序列表的计算机可读形式的副本, 뉴클레오티드 또는 아미노산 서열 발명 특허 관련 신청, 비용 경감·유예 신청서费用减缓请求书, 비용의 경감·유예를 신청하는 경우 등이 있다.

—— 중간서류

특허를 출원한 후 특허국에서 후속 심사 허가, 복심 또는 무효 절차 중에서 해당 특허에 대해 보정통지서, 심사의견통지서OA, 기각결정, 복심통지서, 복심결정, 구두심리통지서 및 무효선고결정 등 중간서류를 발송할 수 있다. 중간서류에 대한 답변 및 처리에는 특허출원서류의 내용 보정 및 의견 진술 등이 포함된다.

청구범위 및 명세서
작성에 필요한 것

청구범위와 명세서는 발명 특허와 실용신안 특허출원서류 중에서도 가장 중요한 2가지이다. 청구범위와 명세서를 작성하는 일은 높은 법률성과 기술성을 필요로 하는 작업이기도 하다. 서류 작성 품질은 발명 또는 실용신안 특허출원의 특허권 취득 여부 및 특허권 보호범위를 결정하는 데 있어서 중요한 역할을 하며, 출원한 특허의 특허국 심사 허가 기간에도 많은 영향을 미친다. 특허권을 하루빨리 취득하려면 발명 또는 실용신안의 청구범위 및 명세서의 작성이 반드시 〈특허법〉, 〈실시세칙〉 및 〈특허심사지침서〉의 규정에 부합되어야 한다. 이번 장에서는 청구범위 및 명세서의 작성 요구에 대해 소개하도록 한다.

청구범위 개요 및 청구범위의 작성 요구

〈특허법〉제64조에는 '발명 또는 실용신안 특허권의 보호범위는 청구범위의 내용에 준하며, 명세서 및 도면은 청구범위의 내용을 해석하는 데 사용할 수 있다.'라고 기재되어 있다.

다시 말해, 청구범위는 발명 또는 실용신안 특허권 보호범위를 확정하는 법률 서류이다. 특허출원 주제가 특허권 부여 가능 범위에 속하는지, 보호를 청구한 발명창조가 신규성, 진보성 및 산업상 이용가능성实用性을 구비하는지, 특허출원이 단일성 규정에 부합되는지, 타인의 실시 행위가 특허권을 침해하였는지 등은 모두 청구범위의 내용에 달려 있거나 또는 청구범위의 내용과 직접적인 연관이 있다. 이런 이유로 청구범위는 발명과 실용신안 특허출원서류 중에서 가장 중요한 서류이다.

—— 청구범위 개요

청구범위는 청구항으로 구성되어 있으며 하나의 청구항은 최소 하나의 권리요구를 가진다.

청구항은 발명 또는 실용신안의 기술특징을 기재해야 한다. 기술특징은 발명 또는 실용신안의 기술방안을 구성하는 요소일 수도 있고, 요소 사이의 상호 관계일 수도 있다. 청구항은 이 같은 기술특징을 종합하여 발명 또는 실용신안의 기술방안을 표시하는 것이며, 발명과 실용신안의 특허보호 청구 범위를 한정한다.

청구범위의 유형

청구범위에는 권리를 보호하는 기술방안의 성격에 따라 2가지 기본적인 유형이 있다. 제품 청구범위와 방법 청구범위가 그것이다.

제품 청구범위는 통상적 개념에서의 제품뿐만 아니라, 물질, 물품, 재료, 장치, 설비, 시스템 등 인류의 기술 생산 중 모든 구체적인 실체를 포함한다. 다시 말해 도구, 장치, 설비, 기기, 부품, 유닛, 회로, 도료, 시멘트, 유리, 조성물, 화합물 등일 수 있다.

방법 청구범위에서 보호하는 객체는 시간적 과정 요소가 있는 활동을 포함한다. 제조방법, 사용방법, 통신방법, 처리방법, 설치방법 및 제품을 특정 용도에 사용하는 방법 등이다. 이러한 방법 절차를 실행하는 과정에서 재료, 설비, 도구 등이 관련되지만, 핵심은 물체 자체의 혁신 또는 개량이 아니라 방법 절차의 조합과 실행 순서를 통하여 방법 발명에서 해결하고자 하는 기술적 문제를 실현하는 것이다.

앞서 언급했듯이 〈특허법〉 제2조 제2항의 규정에 따르면 발명은 제품, 방법 또는 이의 개량에 대해 제출한 새로운 기술방안이다. 따라서 발명 특허의 보호 객체에는 제품과 방법이 모두 포함된다. 즉, 발명 특허출원의 청구범위는 제품 청구항과 방법 청구항이 모두 가능하다.

한편, 〈특허법〉제2조 제3관의 규정에 따르면 실용신안은 제품의 형상, 구조 또는 그 결합에 대해 제출한 실용에 적합한 새로운 기술방안이다. 따라서 실용신안 특허는 제품만 보호할 뿐 방법은 보호하지 않는다. 또한 반드시 형상, 구조가 있는 제품이어야 한다. 다시 말해, 실용신안 특허출원의 청구범위는 제품에 대한 청구항만 가능하며, 방법에 대한 청구항은 불가능하다.

독립항 및 종속항

독립항과 종속항에 대해 〈실시세칙〉제20조 제1관은 다음과 같이 규정하였다. '청구범위에는 독립항이 있어야 하며 종속항이 있어도 된다.'

청구범위에서 발명 또는 실용신안의 기술방안을 전체적으로 반영하고, 기술문제를 해결하기 위한 필요기술특징을 기재한 청구항이 독립청구항이하 '독립항'이다. 그중 필요기술특징은 발명 또는 실용신안이 기술문제를 해결하기 위해 반드시 필요한 기술특징을 일컫는다. 이를 취합하면 발명 또는 실용신안의 보호 객체를 구성하기에 충분하며 기타 기술방안과 구별되게 한다.

청구범위에 여러 항의 청구항이 있는 경우, 그중 하나의 청구항이 다른 동일 유형 청구항 중의 모든 기술특징을 포함한 동시에 다른 청구항의 기술방안을 더욱 한정하는 것이라면, 해당 청구항은 다른 청구항의 종속청구항(이하 '종속항'이다. 종속항은 부가기술특징을 이용하여 인용되는 청구항을 한층 더 한정한다. 부가기술특징이란 발명과 실용신안의 기술문제를 해결하기 위하여 반드시 필요한 기술특징 이외에 더 추가된 기술특징을 말한다. 부가기술특징 외에도 증가한 기술특징일 수도 있다.

종속항은 앞선 청구항만 인용할 수 있다. 종속항에 의해 한층 더 한정되는 청구항은 독립항일 수도 있고 종속항일 수도 있다. 종속항은 독립항을 인용할 수도 있고 종속항을 인용할 수도 있는 것이다. 이 밖에 종속항은 앞선 하나의 청구항만 인용할 수도 있고, 앞에 있는 2개 또는 2개 이상의 청구항을 인용할 수도 있다. 후자를 '다중종속항'이라고 지칭한다.

1건의 출원 청구범위 중에서 독립항이 한정한 기술방안의 보호범위가 가장 넓다. 종속항은 인용한 청구항의 모든 기술특징을 포함하였기 때문에 종속항의 보호범위는 인용한 청구항의 보호범위에 들어가게 된다.

1건의 발명 또는 실용신안 특허출원은 하나의 발명 또는 실용신안에 한정되어야 한다. 하나의 총괄적 발명구상에 속하는 2개 이상의 발명 또는 실용신안은 하나의 출원으로 제출할 수 있다. <특허법> 제 31조 제1관 참조 이런 경우, 청구범위 중에는 2개 또는 2개 이상의 독립항이 있을 수 있다. 앞에 있는 독립항은 '제1독립항'이라고 하고, 기타 독립항은 '병렬독립항'이라고 한다.

—— 청구범위의 작성 요구

　청구범위의 작성 요구에 대한 규정은 <특허법> 제26조 제4관, <실시세칙> 제19조 및 제20조에 기재되어 있다. <특허심사지침서>에서 이에 대하여 더욱 자세하게 규정하였다. 이하 실질적 요구 및 형식적 요구 두 부분으로 나누어 설명하도록 한다.

 <특허법> 제26조 제4관

　… 청구범위는 명세서를 근거로 하여야 하며, 보호를 요구하는 범위를 명확하고 간결하게 한정해야 한다. …

 <실시세칙> 제19조

청구범위는 발명 또는 실용신안의 기술특징을 기재해야 한다.

청구범위에 다수의 청구항이 있는 경우에는 아라비아숫자로 순번을 부여해야 한다.

청구범위에서 사용한 과학기술용어는 명세서에 사용한 과학기술용어와 일치하여야 하며, 화학식 또는 수학식이 있을 수 있으나 도면을 삽입해서는 안 된다. 반드시 필요한 경우 이외에는 '명세서의 …부분에서 설명한 바와 같이' 또는 '도…에 도시한 바와 같이'와 같은 용어를 사용해서는 안 된다.

청구항의 기술특징은 명세서 도면 상의 상응하는 도면부호를 인용할 수 있으며, 해당 도면부호는 상응한 기술특징 뒤에 괄호 안에 넣어 청구항을 쉽게 이해하도록 한다. 도면부호를 청구항에 대한 한정으로 해석해서는 안 된다.

 <실시세칙> 제20조

청구범위에는 독립항이 있어야 하고, 종속항이 있어도 된다.

독립항은 전체적으로 발명 또는 실용신안의 기술방안을 반영하여야 하며, 기술문제를 해결하기 위한 필요기술특징을 기재해야 한다.

종속항은 부가기술특징을 이용하여 인용되는 청구항을 한층 더 한정해야 한다.

실질적 요구

〈특허법〉제26조 제4관에 규정한 청구범위의 작성에 대한 실질적 요구는 다음과 같다. '청구범위는 명세서를 근거로 하여야 하며, 보호를 요구하는 범위를 명확하고 간결하게 한정하여야 한다.'

요구 해석 '명세서를 근거로 하여야'

'청구범위는 명세서를 근거로 해야 한다.'라고 규정한 〈특허법〉제26조에 따르면, 각각의 청구항마다 명세서를 근거로 해야 한다. 청구항들의 기술방안이 명세서의 기재와 일치하다고 해서 반드시 청구범위가 명세서의 지지를 받는다고 할 수 없다. 당업자가 명세서에 공개된 내용을 통해 청구항들이 보호하는 기술방안을 충분히 얻거나 요약해 낼 수 있어야 한다. 즉, 청구항의 보호범위가 명세서에서 공개한 범위를 초과하지 않아야 하는 것이다.

'청구범위는 명세서를 근거로 해야 한다'는 통상 2가지 의미를 포함한다.

첫째, 청구범위의 요약과 명세서 중 공개한 내용이 서로 알맞아야 한다.

둘째, 독립항의 기술방안과 종속항의 최적 방안이 명세서에 기재되어 있어야 한다.

청구범위는 통상 명세서 중에서 공개된 하나 또는 여러 개 실시방식 또는 실시예를 요약하여 이루어진 것이다. 적당하게 요약된 청구범위의 보호범위가 명세서에서 공개된 내용과 알맞아야 한다.

❶ 요약 범위의 크기는 선행기술과 관련된 정도에 의해 결정된다.

창의적인 기술분야의 개척형 발명은 이미 알려진 기술분야의 개량형 발명과 비교하여 비교적 넓은 요약 범위를 허용한다. 적당하게 요약한 청구항은 명세서에서 공개된 내용과 대등하다. 이로써 명세서의 지지를 얻는 동시에 특허출원인의 권익에 피해가 가지 않도록 해야 한다.

❷ 당업자는 명세서에 기재된 실시예 또는 실시방식으로부터 청구항에 요약된 기술방안을 연상할 수 있어야 한다.

만일 명세서 실시예 중의 기술특징이 하위개념이고, 발명 또는 실용신안의 기술방안이 해당 하위개념의 개성을 이용한 것이라면, 청구범위에서 해당 기술특징을 하위개념의 상위개념으로 요약해서는 안 된다. 반면, 발명과 실용신안의 기술방안이 상위개념 기술특징의 모든 하위개념의 공통성을 이용한 것이라면, 청구항에서 이 기술특징을 상위개념으로 요약할 수 있다.

통상 명세서의 실시예 또는 구체적 실시방식이 많을수록 청구항의 요약 범위를 넓게 하는 것을 허용한다. 다만, 하나의 구체적 실시방식도 허용하지만, 이 실시방식으로부터 요약한 청구항의 기술특징은 당업자가 보았을 때 분명한 것이어야만 한다.

이외 청구항의 요약에는 일부 추측성의 효과를 사전에 확정하거나, 평가하기 어려운 내용이 포함되어서는 안 된다. 그렇지 않으면 이런 요약은 특허출원 명세서에서 공개된 내용을 초과한 것으로 간주된다.

❸ **청구항에서 기술특징을 기능적으로 한정하는 방식을 취할 수 있다.**

다만, 그 조건은 기능적 한정으로 발명 또는 실용신안을 보다 명확하게 한정하는 경우에 한해서만 가능하다. 통상적으로 형상과 구조적 특징으로 기술특징을 명확히 한정할 수 있다면 기능적 한정방식을 권장하지 않는다. 명세서에 여러 개 실시방식이 있고, 형상과 구조적 특징으로 한정할 수 없는 경우에는 기능적 한정방식을 취할 수 있다. 다만, 주의할 점은 순 기능적 한정방식의 청구항은 허용되지 않는다는 것이다. 특히 가장 근접한 선행기술에 대한 개량을 해당 발명 또는 실용신안이 해결하고자 하는 기술문제와 동등한 기능적 특징으로 기술해서는 안 된다.

마지막으로, 청구항의 기술방안이 명세서에 기재되어야 한다는 것은 명세서에 이와 상응하는 문자가 있으면 된다는 뜻이 아니다. 명세서 중에 최소 하나의 해당 기술방안과 상응하는 구체적 실시방식 또는 실시예, 다시 말해 적어도 하나의 해당 기술방안의 모든 기술특징을 포함한 구체적 실시방식 또는 실시예가 있어야 한다는 것이다.

청구범위의 명확 여부는 발명 또는 실용신안이 요구하는 보호범위를 확정하는 데 있어서 아주 중요하다. 〈특허법〉 제26조 제4관에 기재된 '청구범위는 명세서를 근거로 하여 보호를 요구하는 범위를 명확하고 간결하게 한정해야 한다.'라는 규정은 2가지 의미로 해석할 수 있다.

첫째, 하나하나의 청구항이 명확해야 한다.

둘째, 청구범위를 구성한 모든 청구항이 전체적으로도 명확해야 한다.

하나하나의 청구항이 명확하다는 것은 요구하는 청구항의 유형이 명확할 뿐만 아니라 뜻이 명확하게 문자로 보호범위를 한정해야 한다는 뜻이다.

❶ 청구항의 유형이 명확해야 한다.

제품 발명은 제품 청구항으로 작성해야 하며, 통상 제품의 형상, 구조, 구성 등 구조적 기술특징으로 설명한다. 방법 발명은 방법 청구항으로 작성해야 한다. 통상 공정과정, 조작조건, 절차 또는 공정 등 방법 기술특징으로 설명한다.

❷ 청구항에서 한정한 보호범위가 명확해야 한다.

청구항의 문장은 명확하고 정확하게 발명 또는 실용신안을 설명해야 한다. 따라서 청구항 중의 용어는 엄밀해야 하며, 발명 또는 실용신안 기술방안에 대한 오해를 초래해서는 안 된다. 또한 자연과학 전문용어에 대해 국가에서 통일된 규정이 있는 경우 규정된 기술용어를 사용해야 하며, 비전문 용어, 지역 방언 또는 스스로 만든 용어를 사용해서는 안 된다.

국가에서 통일된 규정이 없는 경우, 해당 기술분야에서 일반화된 용어를 사용할 수 있다. 최근 나타난 기술적 개념에 대해서는, 필요한 경우 자체적으로 정의한 용어를 사용하는 것도 가능하다. 다만, 해당 기술분야에서 기본적인 의미를 구비한 용어로 기본 의미 이외의 다른 뜻으로 사용해서는 안 된다. 또한 자체 정의한 용어에 대해 명세서에서 명확한 정의를 내려야 한다.

최대한 긍정적으로 발명 또는 실용신안의 기술 특징을 설명하고, 보호범위의 불확실성을 초래할 수 있는 부정적인 용어로 기술특징을 한정하지 않아야 한다. 또한 다의어 또는 해당 기술분야에서 의미가 애매모호한 용어를 사용하지 않아야 한다.

청구범위를 구성한 모든 청구항이 전체적으로 명확해야 한다는 것은 청구항 사이의 인용관계가 명확해야 함을 가리킨다. 구체적인 요구는 뒤에 나오는 '종속항의 작성요구'에서 설명하도록 한다.

❸ 보호를 요구하는 권리범위를 간결하게 한정해야 한다.

간결해야 한다는 것은 하나하나의 청구항이 간결해야 할 뿐만 아니라 모든 청구항이 하나의 전체로서도 간결해야 한다는 것이다.

첫째, 청구항의 서술은 간결해야 한다. 기술특징을 기재하는 이외에 요인 또는 이유에 대해 불필요한 언급을 해서는 안 되며, 상업성 선전 문구를 사용해도 안 된다.

둘째, 청구항의 개수가 합리적이어야 한다. 청구항에서 합리적인 범위 내에서 발명 또는 실용신안의 최적 기술방안을 한정하는 여러 개의 종속항이 허용된다. 다만, 다른 표현을 사용하였지만 의미는 완전히 동일한 청구항은 삭제해야 한다.

형식적 요구

청구범위는 위에서 언급한 실질적 요구 외에 다음과 같이 형식적 요구사항도 충족시켜야 한다.

❶ 청구범위에 다수의 청구항이 있는 경우, 아라비아숫자로 순번을 부여해야 한다.

❷ 다수의 독립항이 있는 경우, 각각의 종속항은 최대한 인용한 청구항과 가깝게 있어야 한다.

❸ 하나하나의 청구항에는 문장이 끝나는 시점에 하나의 마침표만 사용 가능하다. 이로써 청구항 하나하나가 의미적으로 불가분의 전체라는 것을 강조한다.

❹ 청구항에서 사용하는 과학기술용어는 명세서의 것과 일치해야 한다.

❺ 청구항에는 화학식, 화학반응식 또는 수학식이 있을 수 있다. 다만 도면을 삽입하는 것은 불가능하다.

❻ 반드시 필요한 경우를 제외하고는 청구항에 '명세서의 … 부분에 기술한

바와 같이' 또는 '도(图)…에서 도시한 바와 같이' 등 유사한 용어를 사용해서는 안 된다.

❼ 청구항에서 통상 도표 사용을 허용하지 않는다. 다만, 도표를 사용하여 발명 또는 실용신안이 보호하는 객체를 더 명확히 설명할 수 있을 때는 예외로 한다.

❽ 청구항의 기술특징은 명세서 도면의 상응한 도면부호를 인용할 수 있다. 다만 반드시 괄호를 사용하여야 하며, 도면부호를 청구항 보호범위에 대한 제한으로 해석할 수는 없다.

❾ 청구항에서 병렬 선택방식을 취한 경우, 의미는 명확해야 한다.

❿ 일반적으로 청구항에는 인명, 지명, 상품명 또는 상표명칭을 쓸 수 없다.

—— 독립항의 작성 요구

독립항의 작성 양식에 대한 내용은 〈실시세칙〉 제21조 제1항 및 제2항에서 확인할 수 있다.

 〈실시세칙〉 제21조

발명 또는 실용신안의 독립항은 전서부前序部分와 특징부特征部分를 포함하며 다음 규정에 따라 기재하여야 한다:

(1) 전서부: 보호를 요구하는 발명 또는 실용신안 기술방안의 주제명칭과 발명 또는 실용신안 주제와 가장 근접하는 선행기술이 공유하는 필요기술특징을 기재한다.

(2) 특징부: '상기 특징은…' 또는 유사한 용어를 사용하여 발명 또는 실용신안이 가장 근접하는 선행기술과 구별되는 기술특징을 기재한다. 이러한 특징은 전서부에 기재된 특징과 결합되어 발명 또는 실용신안이 보호를 요구하는 범위를 한정한다.

발명 또는 실용신안의 특성상 전항방식으로 표현하기에 적합하지 않은 경우에는 독립항을 다른 방식으로 기재할 수 있다.

하나의 발명 또는 실용신안은 하나의 독립항만을 가지며, 동일한 발명 또는 실용신안의 종속항 앞에 기재해야 한다.

상기 규정은 다음과 같이 해석할 수 있다.

요구 해석 **청구항은 통상적으로 두 부분 양식을 취한다**

청구항의 전서부에는 발명 또는 실용신안 기술방안의 주제명칭, 발명 또는 실용신안 주제와 가장 근접하는 선행기술과 공유하는 필요기술특징을 기재하고, 필요시 발명 또는 실용신안의 응용분야를 반영해야 한다. 특징부는 '상기 특징은 …' 또는 유사한 용어로 시작하며, 가장 근접하는 선행기술에 포함되지 않은 구별기술특징을 기재한다. 이러한 구별기술특징과 전서부에 기재한 필요기술특징이 함께 결합되어 발명 또는 실용신안이 보호하는 기술방안이 구성되며 보호범위를 한정하게 된다.

이런 방식으로 작성된 독립항은 발명 또는 실용신안이 가장 근접하는 선행기술과의 관계를 명확히 설명하는 한편, 가장 근접하는 선행기술과 비교하여 개량된 실질적 내용을 강조할 수 있다.

독립항을 두 부분으로 작성하는 것은 보호범위에 영향을 주지 않는다. 두 부분으로 나누지 않는 독립항과 비교할 때 다음과 같은 장점이 있다.

❶ 심사원이 발명창조의 실질적인 내용 및 해당 발명창조가 가장 근접하는 선행기술과의 관계를 이해하는 데 도움이 된다. 신규성 및 진보성 여부를 판단할 때 비교적 정확한 평가를 내릴 수 있어 실질심사 절차를 가속화시킬 수 있다.

❷ 대중이 발명창조의 실질적인 내용 그리고 해당 발명창조와 가장 근접하는 선행기술과의 관계를 이해하는 데 유리하다. 관심을 갖는 대중들이 해당 특허 기술을 취급할지 여부를 과감하게 판단할 수 있다. 한편, 특허실시 무역계약을 체결할 때, 보다 합리적으로 로열티를 확정할 수 있다.

❸ 두 부분 방식으로 작성하면 독립항이 보다 간결해진다. 전서부에 기재된 가장 근접하는 선행기술에 속하는 내용을 구체적으로 설명할 필요가 없기 때문이다.

이와 같은 몇 가지 장점 때문에 두 부분으로 구분하여 독립항 작성을 요구하는 것은 합리적이고 필요한 일이다. 개량형의 특허출원건에 대하여 통상 독립항을 전서부와 특징부로 나누어 작성하도록 요구한다. 즉, 가장 근접하는 선행기술과 비교하여 전서부와 특징부 2개 부분의 경계를 명확히 긋도록 요구하는 것이다.

요구 해석

두 부분 양식으로 작성하기에 적합하지 않은 몇 가지 경우

〈실시세칙〉 제21조 제2관의 '발명 또는 실용신안의 특성상 전항방식으로 표현하기에 적합하지 않은 경우, 독립항은 다른 방식으로 작성할 수 있다.'라는 규정에 근거하여 발명 또는 실용신안의 청구항은 다른 방식으로 작성할 수 있다. 전서부 및 특징부로 구분하여 작성하기에 적합하지 않은 경우는 다음과 같다.

❶ 개척형 발명, 화학물질 발명 및 일부 용도성 발명

❷ 몇 개의 상태가 동등한 이미 알려진 기술의 전체적인 조합으로 이루어진 발명, 즉, 해당 발명의 실질이 조합 자체에 있는 경우

❸ 이미 알려진 방법의 개량 발명, 즉, 해당 발명의 개량점은 단지 어떤 물질 또는 재료를 줄였거나, 또는 어떤 물질 또는 재료로 다른 물질 또는 재료를 대체하였거나, 또는 어떤 절차를 생략한 경우

❹ 이미 알려진 제품의 개량 발명, 즉, 개량점은 시스템에서 부품의 교환 또는 상호 관계상의 변화인 경우.

병렬독립항의 작성 양식

병렬독립항의 작성은 같은 유형의 병렬독립항과 다른 유형의 병렬독립항 2 가지 경우로 나눌 수 있다.

❶ 같은 유형의 제품 또는 방법의 병렬독립항에 있어서, 병렬독립항은 첫 번째 독립항과 작성 양식이 같다. 즉, 전서부와 특징부를 포함한다.

❷ 다른 유형의 병렬독립항이 첫 번째 독립항과 하나의 총괄적 발명구상임을 구현하기 위하여 2가지 양식을 취할 수 있다.

첫째, 앞의 독립항을 다시 인용하는 양식.

둘째, 앞의 독립항을 다시 인용하지 않고 앞의 독립항의 기술방안 중의 기술 특징을 중복 기술하는 양식.

간결성 측면에서 보면 첫 번째 양식을 취하는 것이 바람직하나 실무에서는 두 번째 양식을 취하는 경우가 많다. 다른 유형의 병렬독립항도 통상 전서부와 특징부를 포함해야 한다.

독립항의 실질적 요구

독립항은 상술한 양식으로 작성하는 것 외에 더욱 중요한 것은 반드시 아래와 같은 실질적 요구사항을 충족시켜야 한다.

첫째, 독립항은 명확하고 정확하게 발명 또는 실용신안을 기술하여야 하며, 보호를 요구하는 범위를 한정해야 한다.

❶ 독립항이 보호를 요구하는 주제 유형은 명확해야 한다. 즉, 제품 발명은 통상 제품의 구조적 특징으로 한정해야 하며, 방법 발명은 통상 공정과정, 조작조건, 절차 또는 공정 등 방법 기술특징으로 한정해야 한다.

❷ 해당 독립항의 보호범위를 한정하는 기술특징의 용어는 명확해야 한다. 따라서 국가에서 통일적으로 규정한 기술용어를 사용하여야 하며, 비전문 용어, 지역 방언 또는 스스로 만든 용어를 사용해서는 안 된다. 또한 의미가 불확실한 용어를 사용해서는 안 되며, 보호범위의 불명확성을 초래할 수 있는 용어를 사용해서도 안 된다.

❸ 전서부에서 기재한 기술특징도 반드시 해당 발명 또는 실용신안의 기술특징이어야 한다. 따라서 이 부분은 해당 발명 또는 실용신안이 가장 근접하는 선행기술과의 공통적인 기술특징을 기재해야 한다. 가장 근접하는 선행기술에 속하지만 해당 특허출원의 기술특징에 속하지 않은 기술특징은 절대 기입해서는 안 된다.

❹ 이미 전서부에 기입하였고 가장 근접하는 선행기술의 공통적인 기술특징은 절대 특징부에서 중복 기재해서는 안 되며, 특징부에서 한정할 수만 있다.

❺ 특징부에서 한층 더 기재한 기술특징은 최대한 전서부의 공통 기술특징에서 출발하여 설명을 추가해야 한다. 최소한 이런 기술특징과 전서부 중의 어떤 공통 기술특징 사이의 관계를 기재해야 한다.

❻ 제품 독립항은 제품의 부품 또는 구조를 열거하는 것 외에도 각 부품 또는 각 구조 사이의 위치관계 또는 상호 작용관계를 기재해야 한다.

둘째, 독립항은 선행기술과 구별되는 점을 반영하면서 한정한 발명 또는 실용신안의 기술방안이 이미 알려진 선행기술과 비교하여 신규성과 진보성을 구비하도록 해야 한다.

발명 및 실용신안이 특허권을 취득하기 위해 필수적으로 구비해야 되는 신규성, 진보성 및 산업상 이용가능성에 대한 규정은 〈특허법〉 제22조에 기재되어 있다.

📓 〈특허법〉 제22조

특허권을 부여받은 발명 및 실용신안은 신규성, 진보성 및 산업상 이용가능성을 구비해야 한다.

신규성이란, 발명 또는 실용신안이 선행기술에 속하지 않으며, 또한 동일한 발명 또는 실용신안이 어떠한 단위 또는 개인에 의해 출원일 전에 국무원특허행정부문에 출원하고 출원일 이후에 공개된 특허출원서류 또는 공고된 특허서류에 기재되지 않은 것을 가리킨다.

진보성이란, 선행기술에 비하여 발명이 뚜렷한 실질적 특징과 현저한 진보성을 구비하거나, 실용신안이 실질적 특징과 진보성을 구비함을 가리킨다.

산업상 이용가능성이란, 발명 또는 실용신안을 제조 또는 사용할 수 있으며, 또한 긍정적인 효과를 얻을 수 있는 것을 가리킨다.

본 법에서 가리키는 선행기술이란 출원일 이전에 국내외에서 공중에게 알려진 기술을 가리킨다.

전체적으로 발명 및 실용신안의 기술방안을 반영하고, 특허권 보호범위를 한정하는 독립항은 마찬가지로 위의 신규성, 진보성의 조건을 만족시켜야 한다.

따라서 독립항을 작성할 때, 우선 발명과 가장 근접하는 선행기술과 공유하는 필요기술특징을 전서부에 기재한다. 다음으로 반드시 발명의 뚜렷한 실질적 특징과 현저한 진보를 반영하거나 또는 실용신안의 실질적 특징과 진보를 반영하는 구별적 기술특징을 특징부에 기재해야 한다. 이로써 해당 독립항이 신규성 및 진보성 요구에 부합되도록 한다.

셋째, 독립항은 전체적으로 발명 또는 실용신안의 기술방안을 반영하며 기술문제를 해결하는 필요기술특징을 기재해야 한다.

 <실시세칙> 제20조 제2관

… 독립항은 전체적으로 발명 또는 실용신안의 기술방안을 반영하며, 기술문제를 해결하기 위한 필요기술특징을 기재해야 한다. …

위의 <실시세칙> 제20조 제2관의 규정은 실제로 2가지 측면의 의미로 해석할 수 있다.

❶ **독립항은 발명 또는 실용신안의 기술문제를 해결하기 위해 필수적인 모든 필요기술특징을 포함해야 한다.**

제품 청구항에 대해 기술문제를 해결하는데 필수적인 부품을 기재해야 할 뿐만 아니라, 부품에 대해서는 기술문제를 해결함에 있어서 필수적이면서도 당업자의 일반적인 지식범주에 속하지 않는 구체적인 구조 및 상대적 위치 관계 또는 작용 관계를 기재해야 한다.

방법 청구항에 대해 해당 방법의 절차를 기재해야 할 뿐만 아니라, 하나하나의 절차에 대해 기술문제를 해결함에 있어서 필수적이면서도 당업자의 일반적인 지식범주에 속하지 않는 조작과정과 공정조건을 기재해야 한다.

❷ 독립항은 전반적으로 발명 또는 실용신안의 기술방안을 반영하기만 하면 되며, 발명 또는 실용신안의 필수적이지 않은 기술특징은 기입할 필요가 없다.

해당 기술문제를 해결하는 부가기술특징은 기입하지 않아도 된다. 그렇지 않으면 독립항의 보호범위가 지나치게 좁아져 해당 특허출원은 충분한 보호를 받지 못하게 된다.

넷째, 독립항이 한정한 기술방안은 명세서를 근거로 해야 한다.

독립항이 명세서의 지지를 받기 위해서는 작성 시 다음과 같은 점에 유념해야 한다.

❶ 독립항에 서술한 기술방안은 최소한 명세서의 다섯 번째 부분인 구체적 실시방식에서 구현되어야 한다. 만일 명세서 중 어느 하나의 구체적 실시 방식도 독립항의 모든 기술특징을 포함하지 않았다면 해당 독립항은 명세서의 지지를 받지 못한 것으로 간주된다.

❷ 독립항에 나타난 포괄적 서술(상위개념 포함) 또는 기능성 서술은 명세서 다섯 번째 부분인 구체적 실시방식에 기재된 내용에서 합리적이고 자연적으로 도출할 수 있어야 한다.

❸ 독립항에 서술한 기술방안은 명세서 세 번째 부분인 '발명의 내용' 부분에 기재되어야 한다. 즉, 발명 또는 실용신안의 '발명의 내용' 부분은 발명 또는 실용신안의 필요기술특징에 대해 종합적 형식으로 해당 실질을 밝혀야 한다.

다섯 째, 1건의 특허출원에서 다중 병렬독립항은 하나의 총괄적 발명구상이어야 하며 단일성 요구를 만족시켜야 한다.

발명 또는 실용신안이 하나의 총괄적 발명구상이라는 것을 어떻게 확정할 수 있는가? 만일 발명 또는 실용신안의 기술방안 사이에 기술적인 연계가 있다면, 이는 구체적으로 다음과 같아야 한다. 즉, 상응하는 청구항은 기술적으로 상호 연관되어 있고, 하나 또는 여러 개 동일한 또는 상응하는 특정 기술특징을 포함하고 있어야 한다. 그중 특정 기술특징은 하나하나의 발명 또는 실용신안을 하나의 전체로 볼 때, 선행기술에 존재하는 문제를 해결하기 위해 기여한 기술특징을 가리킨다. 다시 말해, 발명 또는 실용신안이 선행기술과 비교하여 신규성과 진보성 기술특징을 구비해야 하는 것이다.

동일 유형의 발명 또는 실용신안실용신안은 동일 유형 제품에 한함에 있어서, 만일 이들이 동일한 기술문제를 해결하고, 기술방안 구상이 동일하며즉, 동일 또는 상응하는 특정 기술특징, 얻은 효과가 근접하다면 하나의 총괄적 발명구상에 속하고 단일성 요구를 만족시킨다고 간주할 수 있다.

다른 유형의 발명에 있어서, 만일 그들이 해결하는 기술문제의 실질이 동일하고, 기술방안 중에 상응하는 특정 기술특징이 존재하여, 이로써 기술적인 연계를 구현하여 선행기술 문제를 전체적으로 해결하였다면, 다른 유형의 발명이 하나의 총괄적 발명구상에 속하고 단일성 요구를 만족시킨다고 간주할 수 있다.

—— 종속항의 작성 요구

종속항의 작성 양식에 대한 내용은 〈실시세칙〉 제22조 및 〈특허심사지침서〉에 규정되어 있다.

 〈실시세칙〉 제22조

발명 또는 실용신안의 종속항은 인용부와 한정부를 포함하여야 하며, 아래의 규정에 따라 작성한다:

(1) 인용부: 인용한 청구항의 번호 및 주제의 명칭을 명확하게 기재한다.

(2) 한정부: 발명 또는 실용신안의 부가기술특징을 명확하게 기재한다. 종속항은 앞의 청구항만을 인용할 수 있다. 2개 이상의 청구항을 인용한 다중 종속항은 택일적인 방식으로만 앞의 청구항을 인용할 수 있으며, 다른 다중 종속항의 기초가 될 수 없다.

종속항의 작성 양식

 〈실시세칙〉 제22조 제1관

발명 또는 실용신안의 종속항은 인용부와 한정부를 포함하여야 하며,

아래의 규정에 따라 기재한다:

...

위의 <실시세칙> 제22조 제1관의 규정에 의하면, 종속항은 인용부와 한정부를 포함해야 한다.

인용부에는 인용한 청구항의 번호 및 주제명칭을 기재해야 한다. 통상 먼저 번호를 쓰고 다시 인용한 청구항에서 보호하는 기술방안의 주제명칭을 다시 쓴다.

예를 들어, 1번 청구항의 주제명칭이 '전자장치'일 경우, 1번 청구항을 인용하는 종속항의 인용부는 '청구항1에서 기술한 표시장치에 근거하여, …(根据权利要求1所述的电子装置,…)'으로 기재할 수 있다.

한정부는 바로 인용구 뒤에 오는데 통상 '그 특징은…(其特征是…)'으로 시작하며, 발명 또는 실용신안의 부가기술특징을 기재, 인용한 청구항에 대해 한층 더 한정한다.

종속항의 실질적 요구

종속항 작성 시 실질적 요구는 다음 3가지 측면으로 설명할 수 있다.

첫째, 청구항의 한 부분으로서 종속항도 발명 또는 실용신안이 특허 보호를 요구하는 범위를 명확히 한정해야 한다.

종속항에 발명 또는 실용신안을 명확하게 기술하기 위해서는, 앞서 청구항의 작성에서 언급한 청구항 유형이 정확하고, 문자로 뜻을 확실하게 기술해야 한다. 이외에도 유념해야 할 것으로는 다음 2가지가 있다.

❶ 종속항의 한정부는 부가기술특징으로 인용한 청구항에 대해 한층 더 한정해야 한다.

이러한 부가기술특징은 인용한 청구항의 기술특징에 대해 한층 더 한정한 기술특징일 수도 있고 추가한 기술특징일 수도 있다.

전자의 경우, 즉 한층 더 한정한 기술특징일 경우에는 이러한 부가기술특징은 최대한 인용한 청구항의 기술특징으로부터 출발하여 설명해야 한다. 후자의 경우, 즉 추가한 기술특징일 경우에는 이러한 부가기술특징과 인용한 청구항 중의 어느 하나 또는 일부 기술특징 사이의 구조적 위치관계 또는 작용 관계를 명확히 기술해야 한다.

❷ 한정부에서 인용한 청구항의 기술특징을 중복하지 않는다. 이로써 보호범

위에 대한 잘못된 기재를 방지할 수 있다.

둘째, 종속항의 유형 및 주제명칭은 인용한 청구항의 유형과 주제명칭이 일치해야 한다.

종속항이 보호하는 대상은 여전히 인용한 청구항의 전체 제품 또는 방법이어야 한다. 종속항의 보호대상을 인용한 청구항 중 하나의 부품 또는 하나의 공정 절차로 변경해서는 안 된다. 또한 인용한 청구항의 기술방안을 해당 청구항이 보호하는 주제의 하나의 부품 또는 하나의 공정 절차로 변경해서는 안 된다.

셋째, 종속항의 보호범위는 인용한 청구항의 보호범위에 대해 한층 더 한정해야 한다.

종속항의 보호범위는 인용한 청구항의 보호범위에 포함되어야 하며, 인용한 청구항의 보호범위보다 좁아야 한다.

종속항의 형식적 요구

<실시세칙> 제22조 및 <특허심사지침서>에서 규정한 종속항 작성 요구를 정리하면 다음과 같다.

...

(2) 한정부: 발명 또는 실용신안의 부가기술특징을 명확하게 기재한다. 종속항은 앞의 청구항만을 인용할 수 있다. 2개 이상의 청구항을 인용한 다중 종속항은 택일적인 방식으로만 앞의 청구항을 인용할 수 있으며, 다른 다중 종속항의 기초가 될 수 없다.

❶ 종속항은 앞 청구항만을 인용할 수 있으며 뒷 청구항은 인용할 수 없다.

❷ 2개 이상의 청구항을 인용하는 다중 종속항은 택일적인 방식만으로 앞의 청구항을 인용할 수 있다. 즉, '또는' 및 이와 동등한 용어만 사용할 수 있고, '~와' 및 이와 동등한 용어를 사용할 수 없다.

❸ 다중 종속항은 다른 다중 종속항의 인용 기초로 될 수 없다. 즉, 다중 종속항은 직접 또는 간접적으로 다른 다중 종속항을 인용할 수 없다.

❹ 여러 개 종속항이 있는 경우, 인용할 때 선후순서가 있으며 순차적으로 인용해야 한다.

❺ 직접 또는 간접적으로 어느 독립항에 속하는 모든 종속항은 모두 해당 독립항의 뒤, 다른 독립항의 앞에 기재해야 한다. 이로써 종속항은 동시에 앞의 두 항 또는 두 항 이상의 독립항을 인용할 수 없다.

명세서 구성부분 및 작성 요구

특허출원서류 중의 명세서는 발명 또는 실용신안의 구체적인 내용을 자세하게 설명하기 위한 서류이다. 주로 사회 대중들에게 발명 또는 실용신안의 기술내용을 공개하는 역할을 한다.

〈특허법〉 제26조 제3관 규정에 따르면, 명세서는 발명 또는 실용신안에 대해 명확하고 완전한 설명을 하여 당업자가 실현할 수 있도록 해야 한다. 또한 〈특허법〉 제26조 제4관을 보면, 청구범위는 명세서를 근거로 해야 한다고 규정하였다. 다시 말해 명세서는 청구범위를 뒷받침하여야 한다는 의미로, 명세서에서 공개한 내용은 해당 청구항의 보호범위에 영향을 줄 수 있다. 이로써 명세서도 발명과 실용신안 특허출원서류 중에서 아주 중요한 서류임을 알 수 있다.

—— 발명과 실용신안 명세서의 구성부분

명세서의 구성부분에 대한 요구는 〈실시세칙〉 제17조에 자세하게 규정되어 있다.

발명 또는 실용신안 특허출원의 명세서에는 발명 또는 실용신안의 명칭을 기재하여야 하며, 그 명칭은 출원서 상의 명칭과 일치해야 한다. 명세서는 아래의 내용을 포함해야 한다.

(1) 기술분야: 보호를 요구하는 기술방안의 해당 기술분야를 기재한다.

(2) 배경기술: 발명 또는 실용신안을 이해, 검색, 심사하는데 유용한 배경기술을 기재한다. 가능한 경우에는 이런 배경기술을 반영하는 서류를 인증한다.

(3) 발명 또는 실용신안의 내용: 발명 또는 실용신안이 해결하고자 하는 기술문제 및 그 기술문제를 해결하기 위하여 이용한 기술방안을 기재하며, 또한 선행기술에 비하여 발명 또는 실용신안의 유익한 효과를 기재한다.

(4) 도면설명: 명세서에 도면이 있는 경우에는 각 도면에 대하여 간략하게 설명한다.

(5) 구체적 실시방식: 출원인이 발명 또는 실용신안을 실현하기에 바람직하다고 보는 방식을 상세하게 기재하며, 필요시에는 예를 들어 설명한다. 첨부도면이 있는 경우에는 도면과 대조하면서 설명한다.

발명 또는 실용신안의 출원인은 전관에 규정된 방식과 순서에 따라 명세서를 작성하여야 하며, 또한 각 부분의 앞에 제목을 달아야 한다.

다만, 그 발명 또는 실용신안의 특성상 기타 방식 또는 순서로 작성하면 명세서의 지면을 절약할 수 있으며 타인이 그 발명 또는 실용신안을 보다 정확하게 이해할 수 있는 경우는 예외로 한다.

발명 또는 실용신안의 명세서는 규범화된 용어를 사용하고 문장이 명료하여야 하며, '청구항…에 기재된 바와 같이'와 같은 인용어를 사용하여서는 안 되며, 상업적인 선전 용어를 사용해서도 안 된다.

특허출원에 하나 이상의 아미노산 또는 뉴클레오티드 서열을 포함하는 경우에 명세서에는 규정에 부합하는 서열표가 포함되어야 한다. 출원인은 서열표를 명세서의 독립된 부분으로 제출하여야 하며, 또한 국무원특허행정부문의 규정에 맞도록 컴퓨터가 인식할 수 있는 형식의 서열표 복사본을 제출해야 한다.

실용신안 특허출원 명세서에는 보호하고자 하는 제품의 형상, 구조 또는 그 결합을 나타낸 도면이 있어야 한다.

〈실시세칙〉 제17조 제1관의 규정에 따라 발명 또는 실용신안의 특허출원 명세서는 우선 발명 또는 실용신안의 명칭을 명확히 기재하여야 하며, 명칭은 출원서 상의 명칭과 일치하여야 한다는 것을 알 수 있다.

명세서는 기술분야, 배경기술, 발명 또는 실용신안의 내용; 도면 설명도면이 있는 경우, 구체적 실시방식 5개 부분의 내용을 포함하여야 하며 상기 순서대로 작성해야 한다.

또한 상기 명세서의 각 부분 앞에는 이 부분의 표제를 기재해야 한다.

특허출원서류로서 명세서에는 공개하는 내용을 요약 설명한 요약서가 있어야 한다. 다만, 요약서는 일종의 기술정보로 그 내용은 발명 또는 실용신안의 최초 공개한 내용에 속하지 않으며 해당 특허출원에 있어서 법적효력이 없다.

〈실시세칙〉 제23조 제1관의 규정에 의하면, 요약서는 발명 또는 실용신안의 특허출원이 공개하는 내용의 개요를 기재해야 한다. 즉, 발명 또는 실용신안의 명칭과 해당 기술분야를 기재하며 또한 해결하고자 하는 기술문제, 그 문제를 해결하기 위한 기술방안의 요점 및 주요한 용도를 명확히 반영해야 한다.

—— 명세서 작성에 대한 전반적 요구

발명 또는 실용신안의 특허출원 명세서가 충족시켜야 할 전체적인 요구는 다음과 같다.

요구 해석　발명과 실용신안의 기술내용을 충분히 공개해야

〈특허법〉제26조 제3항에서 규정한 명세서는 발명 또는 실용신안에 대해 명확하고 완전하게 설명해야 한다는 것은 명세서는 발명 또는 실용신안을 충분히 공개해야 하는 요구를 충족시켜야 한다는 것이다.

(1) 명확성

명세서가 명확해야 한다는 것은 명세서의 내용이 발명 또는 실용신안의 실질을 명확하게 밝히는 것을 말한다. 따라서 명세서에 기재한 내용은 3가지 요구사항을 충족시켜야 한다.

❶ 주제가 명확해야 한다.

발명 또는 실용신안의 실질을 명시한다. 즉, 선행기술로부터 출발하여 발명 또는 실용신안이 해결하고자 하는 기술문제 및 해당 기술문제를 해결하기 위해 사용한 기술방안 및 해당 방안이 이룰 수 있는 유익한 기술 효과를 명확히 기재하여 당업자가 발명 또는 실용신안이 보호를 요구하는 내용을

정확히 이해할 수 있도록 한다.

❷ 앞뒤 내용이 일치하고 논리에 부합되어야 한다.

명세서 각 부분의 내용은 서로 연관되고 하나의 전체를 이루어야 한다. 특히 해결하고자 하는 기술문제, 기술방안 및 유익한 기술효과 사이는 서로 알맞아야 하며, 서로 모순되거나 서로 연관이 없어서는 안 된다. 기타 부분도 해결하고자 하는 기술문제 및 기술방안을 중심으로 각 부분의 내용이 서로 의존하고 뒷받침되어야 한다.

❸ 설명이 정확해야 한다.

명세서는 발명 또는 실용신안이 속한 기술분야의 기술용어를 사용해야 한다. 발명 또는 실용신안의 기술내용을 정확하게 표현하여야 하고 애매모호하고 불확실해서는 안 된다.

(2) 완전성

명세서가 완전해야 한다는 것은 〈실시세칙〉 제17조 제1관에서 규정한 5개 구성부분을 포함하여야 하고, 발명 또는 실용신안을 이용하고 재현하는 데 필요한 어떠한 기술내용이 빠져서는 안 된다는 뜻이다. 하나의 완전한 명세서는 아래 3가지 내용을 포함해야 한다.

❶ 발명 또는 실용신안의 이해를 돕는 불가결의 내용. 예를 들어, 해당 기술

분야 및 배경기술에 대한 서술, 도면설명 등이다.

❷ 발명 또는 실용신안의 신규성, 진보성과 산업상 이용가능성을 확정하는 데 필요한 내용. 예를 들어, 해결하고자 하는 기술문제, 기술방안, 유익한 효과 등(편견을 극복하는 발명 또는 실용신안에 대해서는 기존의 편견에 대해 설명하는 한편 해당 발명 또는 실용신안이 왜 편견을 극복했는지 해석)이다.

❸ 발명 또는 실용신안을 재현하는데 필요한 내용. 예를 들면, 기술방안의 구체적 실시방식이다.

당업자가 선행기술 중에서 직접적으로 유일하게 얻을 수 없는 관련 내용은 모두 명세서에 기재해야 한다.

(3) 실현가능성

당업자가 실현 가능하다는 것은 당업자가 명세서에 기재한 내용에 따라 창조성 노동이 없이 발명 또는 실용신안의 기술방안을 실현하여 그 기술문제를 해결하고 예상했던 기술효과를 거두는 것을 말한다.

명세서에 기술문제를 해결하는 기술수단이 결핍하여 실현 불가능하다고 간주되는 경우는 아래와 같다.

❶ 명세서에 임무와/또는 구상만 기재하였거나 단지 희망과/또는 결과만 기재하고, 실시 가능한 기술수단을 기재하지 않은 경우.

❷ 명세서에 애매모호하고 구체적으로 실시할 수 없는 기술수단만 기재한 경우.

❸ 명세서에 기재한 기술수단으로 그 기술문제를 해결할 수 없는 경우.

❹ 여러 개 기술수단으로 구성된 기술방안에 있어서, 그중 하나의 기술수단을 명세서에 기재한 내용에 따라 실시할 수 없는 경우.

❺ 명세서에 실험결과로 증명해야만 성립되는 기술방안을 기재하였지만, 명세서에 실험 증거를 제공하지 않은 경우.

요구 해석　**청구범위를 뒷받침하여야**

<특허법> 제26조 제4관에 청구범위는 명세서를 근거로 해야 한다고 규정하였다. 이 규정은 청구범위와 명세서 사이의 관계를 설명하고 있다. 즉, 명세서는 청구범위를 뒷받침해야 한다는 의미로 해석된다.

❶ 청구범위의 각 기술특징은 모두 명세서에서 설명하며 명세서에 기재한 범위를 초과하지 않는다.

❷ 청구범위의 각 청구항이 최소한 명세서 상의 하나의 구체적 실시방식 또는 하나의 실시예에서 반영된다.

❸ 최소한 명세서의 하나의 구체적 실시방식에 독립항 중의 모든 필요기술특징이 포함된다.

❹ 명세서에 충분한 실시방식 또는 실시예를 기재하여 청구항에서 보호를 요구한 권리범위를 지지한다.

규범화된 용어를 사용하고 문장이 명료하여야

〈실시세칙〉 제17조 제3관에 명세서는 규범화된 용어를 사용하고 문장이 명료하여야 한다고 규정하였다.

우선, 명세서 상의 문자 표현은 당업자가 발명 또는 실용신안을 정확히 이해할 수 있도록 해야 한다.

명세서에는 해당 기술분야의 기술용어를 써야 하며, 자연과학 명사는 최대한 국가에서 규정한 통일된 용어를 사용해야 한다. 국가에서 통일된 규정이 없는 경우에는 해당 기술분야에서 일반화된 용어를 사용할 수도 있고, 잘 알려지지 않은 용어나 최근 나타난 과학기술용어를 사용할 수 있으며, 외래어중문 음역 또는 의역를 직접 사용할 수도 있다. 다만 그 의미는 오해를 초래하지 않도록 반드시 명확해야 한다. 필요한 경우 자체로 정의한 용어를 사용해도 되지만 명세서에 명확한 정의를 내리거나 설명을 해야 한다.

통상 해당 기술분야에서 기본적인 의미를 가지는 용어로 기본 의미 이외의 다른 뜻으로 사용해서는 안 되며, 기술용어와 기호는 앞뒤가 일치해야 한다.

〈특허심사지침서〉의 규정에 따르면 명세서 상 비중문 표현형식도 가능하다. 다만 조건은 외국어 표현형식은 당업자가 숙지하고 있는 기술명사와 일부 계량단위, 수학기호, 수학공식, 각종 프로그래밍언어, 컴퓨터 프로그램, 특정 의미의 표시기호예를 들어, 중국국가표준의 약자 GB 등에 한정된다.

계량단위와 관련해서는 국가의 법정 계량단위를 사용해야 한다. 국제단위제 계량단위 및 국가에서 선정한 기타 계량단위가 포함된다. 필요한 경우에는 괄호 안에 해당 분야에서 일반화된 기타 계량단위를 표기할 수 있다.

명세서에 불가피하게 제품명칭을 사용할 경우에는 그 뒤에 모델명, 규격, 성능 및 제조단위를 밝혀야 한다. 명세서에는 등록상표로 물질 또는 제품을 확정하는 것을 최대한 피해야 한다.

—— 명세서 각 구성부분의 작성 요구

다음은 발명 또는 실용신안의 명세서 각 구성부분의 작성 요구에 대해 설명한다.

명칭

발명 또는 실용신안의 명칭은 명료하고 간결하여야 하며, 명세서 첫 페이지 본문 부분의 상단중앙에 위치하도록 기재해야 한다.

발명 또는 실용신안의 명칭은 아래의 각항 요구에 따라 기재해야 한다.

❶ 간결하고 전면적으로 발명 또는 실용신안에서 보호를 요구하는 기술방안의 주제명칭 및 발명의 유형을 반영해야 한다.

❷ 해당 기술분야에서 통용되는 기술용어를 사용하고, 비기술적인 용어 또

는 임의로 만들어낸 용어를 사용해서는 안 된다.

❸ <국제특허분류표> 상의 분류명칭, 그룹명칭과 대응시킴으로써 특허출원의 분류를 유리하게 하는 것이 가장 좋다.

❹ 인명, 지명, 상표, 모델명 또는 상품명칭을 사용해서는 안 되며, 상업성 선전용어를 사용해서도 안 된다.

❺ 간단하고 명확해야 한다. 일반적으로 25자를 초과해서는 안 된다. 특별한 상황에서는, 예를 들면 화학분야의 일부 발명에 대해서는 최대 40자까지 허용한다.

❻ 특정한 용도와 응용분야가 있는 경우에는 명칭에서 나타내야 한다.

❼ 발명 또는 실용신안의 구별기술특징을 명칭에 기입하는 것을 최대한 피해야 한다. 그렇지 않으면 독립항의 특징부에 기입해야 할 구별기술특징을 전서부에 기입할 가능성이 있다.

기술분야

기술분야 부분에는 발명 또는 실용신안이 보호를 요구하는 기술방안이 속한 기술분야를 기재해야 한다.

발명 또는 실용신안이 보호를 요구하는 기술방안의 기술분야라는 것은 발명 또는 실용신안의 기술방안이 속하거나 직접 응용되는 구체적인 기술분야를 뜻한다. 넓은 의미 또는 상위 기술분야가 아니고 인접한 기술분야도 아니며, 발명 또는 실용신안 그 자체도 아니다.

기술분야 부분을 작성할 때는 다음 3가지 점에 주의할 필요가 있다.

❶ 통상 <국제특허분류표>에 근거하여 직접적으로 속하는 기술분야를 확정할 수 있다. 최대한 가장 세부적인 분류 위치로 확정하는 것이 바람직하다.

❷ 발명 또는 실용신안이 보호를 요구하는 기술방안의 주제명칭과 발명의 유형을 나타내야 한다.

❸ 발명 또는 실용신안이 최근 선행기술에 비하여 개량된 구별기술특징을 기입하지 않아야 한다.

배경기술

배경기술 부분에는 발명 또는 실용신안을 이해, 검색, 심사하는 데 유용한 배경기술을 기재해야 한다. 가능한 이러한 배경기술을 보여주는 서류를 인증하는 것이 필요하다.

개척형 발명 또는 실용신안 이외에는, 해당 특허출원과 가장 근접하는 선행기술의 서류를 인용해야 한다. 즉, 발명 또는 실용신안의 청구범위 내의 독립항 전제부의 기술특징을 포함하는 선행기술 서류를 인용해야 한다. 필요한 경우에는 비교적 근접하거나 관련되는 인용서류를 몇 편 더 인용할 수 있다. 명세서에 인용한 서류는 특허서류일 수도, 비특허서류일 수도 있다.

통상 배경기술에 대해 서술할 때는 다음 3가지 내용을 포함해야 한다.

❶ 출처를 명시해야 한다.

일반적으로 인용서류를 인용하거나 이미 알려진 기술을 언급하는 이 2가지 방법을 사용할 수 있다. 특허서류는 특허서류의 국가정보와 공개번호를 기재하여야 하고 공개일도 포함되면 더 좋다. 비특허서류는 표제와 자세한 출처를 기재하여 대중과 심사원이 선행기술 중에서 이런 인용서류를 검색할 수 있도록 한다. 기타 알려지고 공용되는 경우에도 그 구체적으로 발생한 시간, 장소 및 대중과 심사원이 해당 선행기술을 리서치 및 파악 가능한 기타 관련 정보를 기재해야 한다.

❷ 선행기술의 관련 기술내용을 간략하게 설명한다.

즉, 해당 선행기술의 주요한 구조와 원리를 간략하게 알려주는 것이다.

❸ 선행기술에 존재하는 주요 문제를 객관적이고 진실되게 지적한다.

다만 발명 또는 실용신안이 해결하는 문제 및 단점과 관련된 부분에만 한해야 하며, 비방성 언어의 사용을 금해야 한다. 가능하면 이런 문제 및 단점이 존재하는 요인 및 이런 문제를 해결할 때 나타났던 어려움을 설명한다.

인용서류를 인용할 때 다음 3가지 점에 유의해야 한다.

❶ 인용서류는 공개 출판물이어야 하며, 종이 형식 이외에 전자출판물 등의 형식도 포함된다.

❷ 인용된 비특허서류와 해외 특허서류의 공개일은 그 특허출원의 출원일보다 앞서야 하며, 인용된 중국 특허서류의 공개일은 그 출원의 공개일보다 늦어서는 안 된다.

즉, 출원일 전에 공개된 비특허서류, 해외 특허서류와 중국 특허서류를 인용할 수 있는 것 이외에도, 출원인 본인이 출원일 전 또는 출원일 당일 특허국에 출원을 제출하였지만 출원일 당일 아직 공개되지 않은 특허출원서류를 인용할 수 있다.

❸ 해외 특허 또는 비특허서류를 인용하는 경우에는 인용된 서류의 공개 또는 발표 시에 원문에 사용된 언어로 인용서류의 출처 및 관련 정보를 기재하여야 하며, 필요시에는 중국어 번역문을 기재하고 번역문을 괄호 안에 기재해야 한다.

후자의 경우에는 단지 그 인용서류의 공개일이 해당 특허출원의 공개일보다 늦지 않아야만 해당 특허출원의 명세서 상에 그 인용서류의 내용을 공개한 것으로 간주한다.

인용서류가 상기 조건을 충족해야만 해당 특허출원의 명세서에 인용서류의 내용이 기재된 것으로 판단한다.

발명 또는 실용신안의 내용

이 부분에는 발명 또는 실용신안이 해결하고자 하는 기술문제 및 그 기술문제를 해결하기 위해 사용된 기술방안, 및 선행기술 대비 유익한 효과를 기재해야 한다.

(1) 해결하고자 하는 기술문제

발명 또는 실용신안이 해결하고자 하는 기술문제는 발명 또는 실용신안이 해결하고자 하는 선행기술에 존재하는 기술문제를 가리킨다. 일반적으로 가장 근접하는 선행기술 중에 존재하는 기술문제를 해당 발명이 거둔 효과와 결부시켜 제기한다. 즉, 발명 또는 실용신안이 이루고자 하는 목표이다.

발명 또는 실용신안이 해결하고자 하는 기술문제는 아래의 요구에 따라 기재해야 한다.

❶ 긍정적으로 그리고 가능한 간결한 언어로 객관적인 근거를 들어서 발명 또는 실용신안이 해결하고자 하는 기술문제를 지적해야 한다.

❷ 발명 또는 실용신안이 보호를 요구하는 기술방안의 주제명칭 및 발명의 유형을 나타내야 한다.

❸ 해결하고자 하는 기술문제를 구체적으로 나타내야 한다. 다만 기술방안의 구체적 내용을 포함해서는 안 된다.

❹ 광고식 선전 용어를 사용해서는 안 된다.

❺ 독립항이 해결하는 기술문제를 기재하는 것 이외에, 종속항의 기술방안이

한층 더 해결하는 기술문제를 기재할 수도 있다. 다만 한층 더 해결하는 이런 기술문제는 하나의 총괄적 발명구상과 관련이 있어야 한다.

(2) 기술방안

기술방안은 명세서의 핵심으로서 출원인이 기술문제를 해결하기 위하여 적용한 기술수단의 집합이다. 기술수단은 기술특징을 통하여 구현된다. 기술방안은 당업자가 이해 가능하고 또한 해결하고자 하는 기술문제를 해결 가능하도록 서술해야 한다.

발명 또는 실용신안의 기술방안 작성 시 다음 요구사항이 충족돼야 한다.

❶ 일반적으로 발명 또는 실용신안의 구조적 특징에 대한 분석과 이론 설명의 결합 또는 실험데이터를 열거하는 방식으로 설명할 수 있으며, 발명 또는 실용신안의 유익한 효과를 단언해서는 안 된다. 어떤 방식을 취하든 선행기술과 비교하여 발명 또는 실용신안과 선행기술의 차이를 지적해야 한다.

❷ 기계, 전기 등 기술분야에 대하여 대부분 그 구조적 특징과 작용방식을 결합하여 설명할 수 있다. 화학분야의 경우 대개 실험데이터를 인용하여 설명한다. 현재 적합한 측정방법이 없다면(예를 들어, 맛, 냄새 등 사람의 감각기관에 의존할 수밖에 없는 경우) 통계방식의 실험결과를 사용하여 유익한 효과를 설명할 수 있다.

❸ 실험데이터를 인용하여 유익한 효과를 설명하는 경우에는 필요한 실험조건과 방법을 기재해야 한다.

도면 설명

명세서에 도면이 있는 경우, 명세서 문자 부분에 발명 또는 실용신안의 구체적 실시방식을 기재하기 전에 명세서의 각 도면에 관해 간략한 설명을 해야 한다.

도면설명 부분은 아래 요구사항을 충족시켜야 한다.

❶ 기계제도 국가기준에 따라 도면의 도면명칭, 도시된 내용에 대해 간략한 설명을 해야 한다.

❷ 도면이 둘 이상인 경우에는 모든 도면을 순차적으로 설명하여야 하며 각 도면은 단독으로 도면번호를 부여해야 한다.

구체적 실시방식

발명 또는 실용신안의 구체적 실시방식 부분은 명세서의 중요한 구성 요소이다. 발명 또는 실용신안을 충분히 공개함으로써 이해 및 실현하고 청구범위를 뒷받침 및 해석하는 데 있어서 매우 중요하다. 따라서 명세서에는 출원인이 발명 또는 실용신안을 실현시킬 최적의 실시방식을 상세하게 기재해야 한다. 필요시 예를 들어 설명하여야 하며, 도면이 있는 경우에는 도면과 대조하면서 설명해야 한다.

발명 또는 실용신안의 구체적 실시방식 부분을 작성할 때는 다음 몇 가지 점에 주의를 기울여야 한다.

❶ **최적의 구체적 실시방식을 적어도 하나 이상 상세하게 서술해야 한다.**

최적의 구체적 실시방식은 특허출원 중에서 기술문제를 해결하기 위해 적용한 기술방안을 나타내야 한다. 또한 청구범위의 기술특징에 대해 상세하게 설명함으로써 청구범위를 뒷받침해야 한다. 예를 들어, 어떠한 하나의 구체적 실시방식도 하나의 독립항의 모든 기술특징을 포함하여야 하며, 어떠한 청구항에 있어서 적어도 하나의 구체적 실시방식에 그 모든 기술특징이 포함되어야 한다.

❷ **최적의 구체적 실시방식을 상세하게 서술함으로써 당업자가 서술한 내용에 따라 창조성 노동**한층 더의 연구 **또는 실험을 더 하지 않고도 발명 또는 실용신안을 실현할 수 있도록 해야 한다.**

❸ **청구항**특히 독립항에 **포괄적 기술특징**기능을 한정하는 기술특징 포함**이 나타나 비교적 넓은 보호범위를 커버하였을 경우, 이 부분에 대하여 다수의 구체적 실시방식을 기재해야 한다.**

다만 이러한 요약이 당업자에 있어서 확연히 합리적인 경우는 제외된다. 청구항의 선행기술에 대한 청구항의 개량 내용이 수치범위와 관련되는 경우에는 양단 수치 부근가장 바람직하게는 양단 수치의 실시예를 기재하여야 하며, 수치범위가 넓으면 하나 이상의 중간수치의 실시방식을 기재해야 한다.

❹ **가장 근접하는 선행기술이나, 발명 또는 실용신안이 가장 근접하는 선행**

기술과 공유하는 기술특징에 대하여 일반적으로 상세하게 서술하지 않아도 되지만, 발명 또는 실용신안이 가장 근접하는 선행기술과 구별되는 기술특징 및 종속항에 나타난 선행기술 또는 알려진 상식이 아닌 기술특징은 충분하고 상세하게 기재해야 한다.

특히 발명 또는 실용신안의 충분한 공개에 있어서 필수적인 내용은 기타 서류를 인용하는 방식으로 작성해서는 안 되며 그 구체적인 내용을 명세서에 기재해야 한다.

❺ 제품 발명 또는 실용신안에 있어서, 실시방식 또는 실시예는 제품의 기계구성, 회로구성 또는 화학성분을 기재하여야 하며, 제품을 구성하는 각 부분의 상호 관계를 설명해야 한다.

화학제품 이외의 기타 제품에 있어서 서로 다른 실시방식은 서로 다른 구조계수의 선택이 아니라 동일한 구상을 구비하는 다수의 구체적인 구조를 가리킨다. 다만 이러한 계수의 선택이 기술방안에 중요한 의미가 있는 경우는 제외한다. 동작 가능한 제품에 대하여 필요시 그 동작과정을 설명함으로써 기술방안의 이해에 도움을 주어야 한다.

❻ 방법 발명에 있어서 구체적 실시방식 또는 실시예는 그 절차를 명시하여야 하며, 다른 계수 또는 계수 범위를 사용하여 표시할 수 있는 공정조건을 포함시켜야 한다.

❼ 도면을 참조하여 실시예를 서술하는 경우에는 도면부호를 인용하여 서술해야 한다. 인용 시 도면부호는 도면에 표시된 것과 일치하여야 하며 상응하는 기술명칭 뒤에 기재하고 괄호를 사용하지 않는다.

한국 명세서는 중국 명세서와 달리 도면부호를 인용 시 부품의 명칭 뒤의 괄호 안에 기재한다. 이러한 차이점으로 인하여 한·중 번역 실무에서 가장 혼동되기 쉬운 부분이 도면부호와 기술용어의 약자예를 들어, 대문자로 된 알파벳 약자 구분이다. 즉, 한국 명세서에서는 도면부호와 기술용어의 약자를 모두 괄호 안에 기재하므로, 중국어로 번역할 때 한국 명세서에서 괄호 안에 기재된 부분이 도면부호인지 아니면 약자인지를 잘 구분해야 한다. 따라서 번역 시 한국 명세서 문자 부분과 도면을 일일이 대조하는 것은 선택이 아닌 필수다.

❽ 발명과 실용신안의 내용이 비교적 간단한 경우, 즉, 청구범위의 기술특징의 집합과 한정한 기술방안이 비교적 간단한 경우에 명세서의 발명 또는 실용신안의 내용 부분에 이미 그 특허출원이 보호를 요구하는 주제에 대해 명확하고 완전하게 서술하였을 때, 구체적 실시방식에서 중복 서술하지 않아도 된다.

도면

도면은 명세서의 구성 요소 중 하나이다. 첨부도면의 역할은 도면을 이용하여 명세서 문자 부분을 보충 설명하여 당업자가 발명 또는 실용신안의 각 기술특징과 전체 기술방안을 직관적, 형상적으로 이해할 수 있도록 하는 것이다.

발명과 실용신안의 도면은 아래 몇 가지에 유의해야 한다.

❶ 실용신안의 명세서에는 첨부도면이 반드시 있어야 한다. 기계, 전기, 물리 분야에서 구조와 관련된 제품의 발명 명세서에도 도면이 있어야 한다.

❷ 발명 또는 실용신안의 명세서에 다수의 도면이 있는 경우, 아라비아숫자를 사용하여 순서대로 번호를 부여하여야 하며 각 도면에 도면번호를 부여한다. 여러 개 도면을 한 장의 도면에 그릴 수 있으며 순서에 따라 배열하여 서로 분명하게 나누어야 한다.

❸ 일반적으로 도면은 가능한 도면상에 수직으로 작성하여야 한다. 부품 가로 방향 크기가 세로 방향 크기보다 명백하게 커서 반드시 수평으로 배치해야 하는 경우, 도면의 윗부분을 도면용지의 좌측에 놓아야 한다. 동일 페이지에서 각 도면의 배치는 동일한 방식을 취해야 한다.

❹ 하나의 특허출원에 다수 도면이 포함된 경우, 동일한 실시방식을 표시하는

각 도면에서 동일한 구성부분동일기술특징 또는 동일대상을 나타내는 부호는 일치해야 한다. 즉, 같은 부분을 표시할 때는 동일한 도면부호를 사용해야 한다. 명세서 및 첨부도면에서 사용된 동일한 도면부호는 동일한 구성부분을 표시해야 한다.

❺ 명세서의 문자 부분에 기재되지 않은 도면부호는 도면에 나타나서는 안 되며, 명세서 문자 부분에 나타난 도면부호는 적어도 하나의 도면에 주석이 되어야 한다.

❻ 명세서의 도면은 컴퓨터를 포함하는 제도용구와 흑색 잉크로 작성하여야 하며 도면의 선은 균일하고 분명하여야 하며, 색상이 짙고 착색하거나 수정해서는 안 되며 청사진을 사용해서도 안 된다. 도면의 크기와 해상도는 그 도면을 2/3로 축소하였을 때에도 도면상 각 상세 부분을 명확하게 분별할 수 있는 정도여야 한다.

❼ 도면에는 필요한 용어 이외에는 다른 주석을 포함해서는 안 된다. 다만 순서도, 블럭도와 같은 경우에는 그 틀 안에 필요한 문자와 부호를 기재해야 한다.

❽ 명세서의 도면은 명세서 문자 부분 뒤에 취합하여 넣어야 한다.

요약서

요약서는 특허와 관련된 과학기술정보로서 명세서에 기재된 내용을 요약하는 데 사용된다.

요약서의 내용은 발명 또는 실용신안의 최초 공개한 내용에 해당하지 않으므로 향후 명세서 또는 청구범위를 보정하는 근거가 될 수 없으며, 특허권 보호범위의 해석에도 사용할 수 없다. 이런 의미에서 보면 요약서는 법적효력을 가지지 않는다.

요약서 작성 시에는 아래 요구사항을 충족시켜야 한다.

❶ 요약서는 발명 또는 실용신안이 공개한 내용의 개요를 기재해야 한다.

발명 또는 실용신안의 명칭 및 해당 기술분야를 명시하고 해결하고자 하는 기술문제, 그 문제를 해결하는 기술방안의 요점 및 주요한 용도를 명확하게 나타내야 하며, 그중에서 기술방안을 중심으로 해야 한다. 요약서는 발명을 가장 잘 설명할 수 있는 화학식을 포함할 수 있다.

❷ 명세서에 도면이 있는 경우, 그 발명 또는 실용신안의 기술방안의 요점을 가장 잘 설명할 수 있는 도면을 대표도면으로 제공해야 한다.

대표도는 명세서 첨부도면 중의 하나여야 한다. 대표도의 사이즈 및 해상도는 그 도면을 4cm×6cm로 축소하였을 때 도면의 각 세부내용을 명료하게 분별해 낼 수 있어야 한다.

❸ 요약서는 간결하여야 하며 문자 부분(문장부호 포함)은 300자를 초과해서는 안 된다.

실무에서는 요약서의 글자수에 대하여 일정한 융통성을 발휘할 수 있다. 즉, 요약서를 350자 이내로 작성 시에는 통상적으로 크게 문제 되지 않으나 350자를 초과할 경우, 심사원이 보정통지서를 발송하여 보정하도록 할 가능성이 있다. 따라서 한·중 특허문서 작성자 또는 번역자는 요약서의 글자수가 300자를 초과하지 않도록 주의를 기울이고, 기술방안의 기재 필요로 하여 부득이하게 300자를 초과할 경우 최대 350자를 넘지 않게 해야 한다.

❹ 요약서에 상업성 선전 용어를 사용해서는 안 된다.

❺ 요약서 문자 부분의 도면부호는 괄호를 추가해야 하며 요약서 문자 부분에 나타난 도면부호는 대표도에 표기해야 한다.

이번 장에서는 명세서의 실질적 내용 및 작성 방식의 요구에 대하여 상세하여 설명하였다.

발명 특허의 실질심사에서 명세서의 공개가 충분하지 않아 〈특허법〉 제26조 제3관의 규정에 부합되지 않은 경우에는 〈실시세칙〉 제53조에 규정된 거절사항에 해당된다. 단지 〈실시세칙〉 제17조의 요구에 부합되지 않은 흠결만 존재하는 경우에는 〈실시세칙〉 제53조의 규정에 따른 거절사항에 해당되지 않는다.

명세서에 용어가 정확하지 않고 문장이 명료하지 않은 흠결이 존재해도 발명을 실현할 수 있다면 이러한 경우는 〈실시세칙〉 제17조에 규정된 흠결에 해당하므로 심사원이 이것을 이유로 거절할 수 없다. 이밖에 〈실시세칙〉 제53조에 규정된 거절사항에는 요약서가 요구사항을 충족하지 않은 경우가 포함되지 않는다.

제2장

특허문서의 한·중 번역, 원칙만 알면 어렵지 않다

한·중 특허번역 현황, 출원 명세서 양식의 비교, 발명의 명칭 번역,

우선권 주장 정보 기재, 기술과 도면·구체적인 내용·청구범위·요약서 번역

한·중 특허번역,
현황을 살펴봅시다

특허출원의 주요 국가인 세계 5대 특허청IP5의 출원 숫자를 살펴보면, 2022년 기준 중국은 162만 건55.2%을 기록하여 전체 특허출원의 절반 이상을 차지했고, 뒤이어 미국 59만 건20.3%, 일본 29만 건9.9%을 기록하였으며, 한국은 24만 건8.1%으로 4위를 차지하였다(한국 특허청 통

> **IP5**(Five IP Offices) 선진 5개 특허청을 의미하여, 회원국으로 한국(KIPO), 미국(USPTO), 유럽(EPO), 일본(JPO), 중국(CNIPA)이 포함된다.

계자료). 중국이 최근 10년간 연평균 10% 이상 성장하면서 최다 특허등록 국가가 되어 성장세가 두드러졌다. 한편, 2022년 IP5간 특허출원 흐름을 보면, 한국의 중국 특허출원은 18,262건으로 이는 중국의 한국 특허출원 6,320건보다 3배 정도 많은 수치이기도 하다.

중국에 출원하고자 하는 특허서류는 해당 나라 언어인 중국어로 번역되어 출원해야 한다. 한국어로 작성된 특허서류는 통상 한…중 직역, 한…영…중 간접 번역 2가지 방식으로 중국어로 번역되어 중국 특허국에 출

원된다. 대기업일 경우 중국뿐만 아니라 영미권에 동시 출원하는 경우가 대부분이어서 우선 한글을 영어로 번역한 후, 해당 영어를 중국어로 번역하는 방식을 취하는 경우가 많다. 중견기업, 중소기업 및 개인일 경우, 대부분 한글을 중국어로 직역하는 방식을 취한다. 정확한 수치는 아니지만 업계에서 중국으로 출원되는 한국 특허 중 약 90%가 한…영…중 간접 번역 방식으로 출원되고, 나머지 약 10% 정도가 한…중 직역을 통하여 출원되고 있다.

최근 10년간 중소기업 및 개인의 특허출원 건수가 꾸준히 증가하는 추세다. 이런 추세에 따라 한…중 직접 번역의 시장도 점점 커지고 있지만, 한·중 특허번역 인력의 수급이 이에 미치지 못하는 실정이다. 그 이유는 아래 몇 가지로 분석해 볼 수 있다.

첫째, 특허문서의 특수성에 기인한 전문 인력 수급난이다. 특허문서는 일반 기술문서나 법률문서의 번역과 달리 기술문서이면서 동시에 법률문서이기도 하다. 다양한 기술 분야의 최신 기술방안을 다루며, 특히 보호받고자 하는 기술방안의 청구범위를 법률 용어로 기재하는 청구항은 향후 침해 분쟁이나 무효선고 중 근거가 되는 법률문서이다. 이공대 전공자 또는 특허 관련 교육배경이나 경력을 요구할 뿐만 아니라 〈특허법〉, 〈실시세칙〉, 〈특허심사지침서〉 등 법률과 법규를 잘 알아야 한다. 최근 몇 년간 한·중 양국의 유학생들이 증가하면서 두 언어를 동시에 구사하는 인력이 많이 늘었지만, 해당 분야의 기술을 잘 이해하고 특허 관련 법률과 법규를 알고 있는 인력은 의외로 많지 않은 현실이다.

둘째, 한·중 특허번역 시장의 높은 진입장벽이다. 이공대 전공자 또는 특허 관련 경력자가 한·중 특허번역에 종사하려고 해도 특허번역 경력이 없거나 전문자격증 소지자(변리사, 변호사 등)가 아니면 한·중 번역에 도전해 볼 기회가 쉽게 주어지지 않는다. 특허번역을 맡기는 입장에서는 특허번역 경력이 전무하거나 전문자격증 소지자가 아닌 인력이 초벌 번역을 할 경우, 후속으로 들어가는 전문가의 검수 비용이 적지 않을뿐더러 검수 능력이 있는 전문가를 찾는 것도 쉽지 않기 때문에 처음부터 특허번역 경력자나 전문자격증 소지자에게 맡기려고 하는 경향이 있다.

셋째, 한·중 특허번역 관련 참고서 및 한·중 전문용어 사전은 물론 실무에 기반한 지침서가 부족하다. 한국어 특허문서의 특유한 용어, 문장구조, 패턴 등은 한·중 번역 시 그대로 옮겨서는 안 되며, 특허문서만의 일정한 규칙이 있어 초보자가 입문하기에는 어려움이 있다. 또한 특허 번역에는 특허문서의 문자 부분 내용을 정확히 번역하는 것 외에 중국어 특허문서의 작성 요구에 부합되는지 여부를 판단하여 수정하는 작업, 청구항 등 중요 문서의 권리범위가 적절하게 기재되어 있는지 등을 판단하여 피드백하는 작업 등이 포함되기도 한다.

위에서 언급된 이유로 한·중 특허번역 인력의 수급이 원활하게 이루어지지 못하고 있으며, 한·중 특허번역의 품질도 한·영, 영·중 특허번역의 품질과 비교하면 기대에 미치지 못하는 실정이다.

이러한 현실에 입각하여 기업에서 중국 출원 실무를 담당하고 있는 분들과 한·중 특허번역에 종사하고자 하는 분 또는 이미 종사하고 있지만 업무 실력을 향상하고자 하는 분들에게 조금이라도 도움이 되고자 이번 장에서는 한·중 특허출원 및 한·중 특허번역과 관련된 제반 사항을 〈특허심사지침서专利审查指南〉에서 규정하고 있는 내용 및 번역 실무와 결부시켜 설명하고자 한다.

한·중 특허출원 명세서, 무엇이 다를까?

한국에서의 특허명세서patent specification는 중국에서의 '专利说明书전리설명서'와 비슷한 개념이다. 특허의 해외출원을 위해서는 해당 국가의 언어로 기재된 명세서와 해당 국가의 특허청에서 요구하는 서류를 제출해야 한다.

특허명세서 및 이를 포함한 특허출원 양식은 국가에 따라 조금씩 차이가 난다. 한국에 특허를 출원하기 위한 특허출원 양식과 중국에 출원하기 위한 특허출원 양식은 다음 표와 같다.

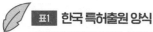 표1 한국 특허출원 양식

특허출원 양식 중 명세서 부분은 <특허법 시행규칙>(시행 2018.12.31)의 [별지 제15호서식]을 참조함.

명세서

【발명의 설명】

　【발명의 명칭】

　【기술분야】

　【발명의 배경이 되는 기술】

　　(【선행기술문헌】)

　【발명의 내용】

　　【해결하고자 하는 과제】

　　【과제의 해결 수단】

　　【발명의 효과】

　【도면의 간단한 설명】

　【발명을 실시하기 위한 구체적인 내용】

　(【실시예】)

　　(【산업상 이용가능성】)

　　(【부호의 설명】)

　　(【수탁번호】)

　　(【서열목록 자유텍스트】)

【청구범위】

　【청구항1】

　【청구항2】

【요약서】

　【요약】

　【대표도】

【도면】

　【도1】

　【도2】

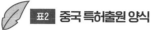

표2 중국 특허출원 양식

중국 <특허법> 제26조 제1관 규정에 따르면 발명과 실용신안의 특허출원서류에는 출원서, 명세서 및 요약서와 청구범위 등 서류가 포함된다. 즉, 중국에서 특허출원시 요약서 및 청구범위는 독립된 서류로서 명세서의 내용에 속하지 않는다. 이 장에서는 설명의 편의를 위하여 한글 특허문서에서 사용되는 용어인 '명세서', '발명을 실시하기 구체적인 내용'으로 각각 중문 특허문서의 '설명서', '구체적 실시방식'을 대체하여 설명하도록 한다.

说 明 书 摘 要

摘要

权 利 要 求 书

1.

2.

说 明 书

发明名称

(相关申请的交叉引用)

技术领域

背景技术

发明内容

附图说明

具体实施方式

说 明 书 附 图

图1

图2

표3 한국과 중국의 특허출원 양식 비교

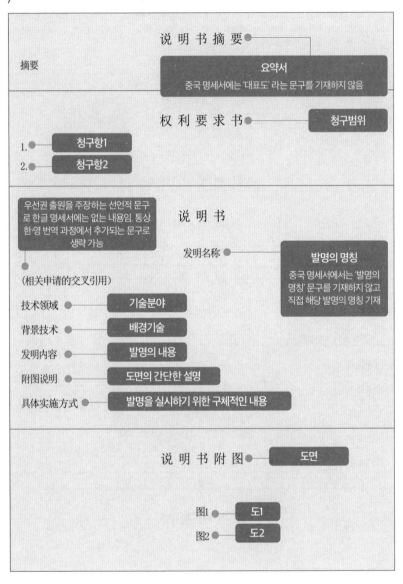

발명의 명칭 번역,
이것만 알아두자

명세서 상 발명의 명칭은 출원서 상 명칭과 일치해야 한다. 명세서의 첫 페이지 본문 부분 상단 중앙에 위치하도록 기재하여야 하며 그 행의 중앙에 위치해야 한다. 명세서에서 발명의 명칭은 특허출원이 보호를 요구하는 주제 및 유형을 간결하고 정확하게 표시해야 한다. 발명의 명칭에는 인명, 기업명칭, 상표, 코드, 모델번호 등과 같은 비기술적인 용어가 포함되어서는 안 되며, '및 기타', '및 그 유사물' 등과 같은 불명확한 용어가 포함되어서도 안 된다. '방법', '조합물', '화합물' 등과 같이 포괄적인 용어만을 사용하고 어떠한 발명 정보를 제공하지 않으면 안 된다.

또한 발명의 명칭은 일반적으로 25자를 초과할 수 없다. 특별한 상황에서는, 예를 들면 화학분야의 일부 발명에 대해서는 최대 40자까지 허용할 수 있다.

중문 명세서에서 발명의 명칭 앞에는 한글 명세서의 '발명의 명칭'에 해당되는 문구인 '发明名称' 또는 '名称'은 덧붙이지 않으며, 발명 명칭과 명세서 본문 사이에는 한 줄을 비워야 한다.

발명의 명칭을 번역할 때 한국 발명의 명칭에 자주 나타나는 '및', '하기 위한', '에 기반한' 등 표현은 중문으로 번역할 때 각각 '及' 또는 '以及', '用于', '基于'에 대응한다. '~용'은 '用于~'로 번역되는 것이 일반적이다.

발명의 명칭을 중문으로 적합하게 번역한 예를 살펴보면 다음과 같다.

저항 소자 및 저항 소자 어셈블리

电阻元件以及电阻元件组件

중한 자동번역을 위한 한국어 연결어미 생성 방법 및 그 장치

用于中韩自动翻译的韩语连接词尾的生成方法及其装置

사용자 동작 인식에 기반한 영상 처리 방법 및 시스템

基于用户动作识别的图像处理方法及系统

박막 식각액 조성물 및 이를 이용한 금속 패턴 형성 방법

薄膜蚀刻剂组合物及利用其形成金属图案的方法

자동차의 실내 냉난방용 공조장치

用于汽车室内制冷和供暖的空调装置

우선권 주장 정보란 무엇이며
어떻게 써야 할까?

    중국에 특허출원 시 관련 국제조약에 의거하여 해외우선권外国优先权을 주장할 수 있는데, 우선권 주장 정보는 한글 명세서에 없는 내용이다. 이를 위해서는 특허출원서를 제출할 때 출원서에 선출원의 출원일, 출원번호 및 접수기관의 명칭을 기재해야 한다. 우선권 주장 문구는 통상 한·영 특허명세서 번역 시 해당 출원 국가의 명세서 작성 요구에 따라 추가함으로써, 국내 특허출원의 우선권과 이익을 향유할 수 있다. 중국의 〈특허심사지침서〉에서 기재를 요구하는 사항은 아니므로 중문 명세서에 군이 추가하지 않아도 되며 법적효력이 없다.

    참고로, 만일 우선권 주장 문구를 기재하게 된다면 한글 명세서에는 없는 내용이기 때문에 중문으로 번역 시 '발명의 명칭发明名称' 밑에 '相关申请的交叉引用 관련 출원의 교차 인용'이라는 표제어를 기재해야 한다. 그리고 한국 국내 출원일, 출원번호 및 접수기관을 언급하고, 참조된 특허출원의 공개된 내용을 중문 특허명세서에서 인용한다는 문구를 기재한다.

'相关申请的交叉引用관련 출원의 교차 인용'에 해당하는 문구 양식은 다음
과 같으니 참조하여 사용하면 된다.

예시

相关申请的交叉引用

本申请要求于2022年12月09日提交到韩国知识产权局的第10-
2017-006****号韩国专利申请的优先权和权益, 该韩国专利申
请的全部的公开内容通过引用并入本文。

한글 참고문

본 출원은 2022년 12월 09일 한국지식재산국에 제출한 제10-2022-
006****호 한국 특허출원 우선권과 권익을 요구하며, 해당 한국 특허출원의 모
든 공개 내용은 인용을 통하여 본문에 병합한다.

기술분야 번역의
원칙과 방법

앞의 표1 및 표2 와 같이 한글 및 중문 명세서에는 기술분야技术领域, 발명의 배경이 되는 기술背景技术, 발명의 내용发明内容, 도면의 간단한 설명 附图说明, 발명을 실시하기 위한 구체적인 내용具体实施方式이 순차적으로 포함되어 있다. 또한 각 부분의 앞에는 해당 표제를 기재해야 한다.

기술분야 技术领域

발명의 배경이 되는 기술 背景技术

발명의 내용 发明内容

도면의 간단한 설명 附图说明

발명을 실시하기 위한 구체적인 내용 具体实施方式

기술분야는 중문 명세서의 '技术领域기술영역'에 해당하는 것으로 보호를 요구하는 발명의 기술방안이 속하거나 직접 응용되는 구체적인 기술분야를 일컫는다. 기술분야의 문구는 정형화된 문장 형식으로 서술되는 것이 특징이다. 따라서 중문 명세서를 번역할 때에 이에 대응하는 관용 번역 패턴이 있다. 예를 들어, '본 발명은 ~에 관한 것이다.' 및 '본 발명의 실시예는 ~에 관한 것이다.'에 대응하는 중문 문구는 '本发明涉及一种~。', '本发明的实施例涉及一种~。'으로 번역된다. 여기에서 발명의 명칭 앞에 한글에 없는 표현인 '一种'이 추가되어 번역되는 것이 일반적이므로 이에 유념해야 한다.

또한 명세서의 기술분야에서 좀 더 구체적으로 기재하는 경우, '본 발명은 ~에 관한 것으로서, 보다 구체적으로(더욱 상세하게는) ~에 관한 것이다.'와 같은 문구는 '本发明涉及一种~, 更具体地涉及~。'으로 번역한다. 즉, '보다 구체적으로', '더욱 상세하게는'과 같은 추가적 수식어는 '更具体地'로 번역할 수 있다.

기술분야의 첫 구절에 언급되는 '본 발명'은 '本发明'으로 번역되는 것이 대부분이지만, 한·영·중 간접 번역일 때는 '本公开'로 번역하는 경우도 있으므로 참고 바란다.

다음은 기술분야의 실제 번역 샘플들로, 번역 실무에서 활용이 가능하다.

예시

본 발명의 실시예는 스크롤 압축기에 관한 것이다.

本发明的实施例涉及一种涡旋压缩机。

본 발명은 저항 소자 및 저항 소자 어셈블리에 관한 것이다.

本发明涉及一种电阻元件以及电阻元件组件。

본 발명은, 절삭공구 및 스크롤 제조방법에 관한 것으로서, 더욱 상세하게는, 스크롤의 랩의 정삭을 하나의 공정에서 하나의 공구로 실시할 수 있도록 한 절삭공구 및 스크롤 제조방법에 관한 것이다.

本发明涉及一种切削工具及涡旋盘制造方法, 更具体地, 涉及一种能够在一个工艺中用一个工具对涡旋盘的涡卷进行精加工的切削工具及涡旋盘制造方法。

본 발명▪은 전자장치에 관한 것으로, 상세하게는 터치 센서를 포함하는 전자장치에 관한 것이다.

本公开涉及一种电子装置, 更具体地, 涉及一种包括触摸传感器的电子装置。

본 발명 중국 특허에서는 "본 발명(本发明)"으로 기재하는 것이 형식적인 요구이며, "본 발명"과 "본 공개" 두 개념을 엄격히 구분하지 않는다.

발명의 배경이 되는 기술
번역

한글 명세서의 '발명의 배경이 되는 기술'은 중문 명세서의 '背景技术_{배경}

기술'에 해당된다.

단순한 번역 작업뿐만 아니라 중국 등에 특허권을 받기 위한 중문 명세서

를 작성하고자 한다면 다음과 같은 사항에 주의할 필요가 있다.

배경기술은 상세하게 기술하는 것보다는 간략하게 일반적인 것을 기재하

는 것이 출원인에게 유리하다. 배경기술이 반드시 선행기술이라고 할 수는

없으나 출원인의 기술 수준 또는 인지 수준이 당업자보다 높아 배경기술을

상세하게 기술하게 되는 경우가 있다. 이는 자칫 잘못하면 선행기술이 아닌

배경기술을 실존하는 선행기술로 착각하게 하여 발명의 신규성 심사 및 특

허 등록에 불리하게 작용한다. 특히 배경기술의 관련 발명에 대해 자세히 언

급하는 경우, 특허 소송 시 선행기술 인정으로 간주될 수 있는 리스크가 따

르기 때문이다.

또한 배경기술 중 나타나는 문제, 결함 및 요인에 대해 자세하게 기술하는 것이 일반적이지만, 경우에 따라 당업자가 그 요인을 다 아는 것이 아니라면 간략하게 일반적인 내용만 기재하는 편이 출원인에게 유리하다. 비록 출원인의 수많은 노력으로 문제나 결함이 발생된 요인을 알게 된 것이지만, 그 원리가 간단하다면 특허 심사 시 불리하게 작용할 수 있다.

참고로 한·영 명세서 번역 시 배경기술을 모두 번역한 후, 종래기술 인정 admitted prior art을 부인하기 위하여 한글 명세서에 기재되어 있지 않더라도 아래와 같은 형식문구form paragraph를 추가 기재한다. 중문 번역 시에도 해당 문구를 추가할 것을 제안한다.

예시

在该背景技术部分中公开的上述信息仅用于增强对本公开的背景的理解, 因此其可能包含不构成本领域普通技术人员已知的现有技术的信息。

在本背景技术部分中所公开的上述信息仅用于增强对本发明的背景的理解, 因此其可包含不形成在本国由本领域普通技术人员已知的现有技术的信息。

在本背景技术部分中公开的上述信息仅用于理解本发明构思的

背景，因此，可能包含不构成现有技术的信息。

이 배경기술 부분에 기재된 상기 정보는 본 발명의 배경에 대한 이해를 돕기 위한 것으로써, 본 기술이 속하는 분야에서 통상의 지식을 가진 자에게 이미 알려진 선행기술이 아닌 사항을 포함할 수 있다.

배경기술의 실제 번역 예들을 살펴보면 아래와 같다. 번역 실전에서 참고하도록 하자.

예문 1

최근 출시되고 있는 모바일 기기에서 카메라는 필수적인 기능 중 하나이며, 그 성능 또한 높아짐에 따라서 수백만 화소에서 천만 화소 이상까지의 고성능의 카메라가 장착되어 출시되고 있다.

在最近上市的移动设备中，相机是必不可少的功能之一，而随着其性能的提高，上市的产品中装配有数百万像素甚至千万像素以上的高性能的相机。

예문 2

그러나, 이러한 고화소의 카메라에 비하여 모바일 기기라는 제약사항에 의해 카메라 모듈이 적용되는 공간은 한정적일 수밖에 없다.

然而, 与这种具有高像素的相机相比, 因受制于移动设备这一因素相机模块所占用的空间只能是有限的。

이에 따라 이미지 촬영 시 외부의 진동이나 손떨림 등과 같은 미세한 움직임에도 이미지 열화가 발생할 수 있다.

因此, 在拍摄图像时, 如外部振动或手抖等的细微的移动也可能导致图像劣化。

<특허심사지침서>에서는 발명의 명세서의 배경기술 부분에는 발명을 이해, 검색, 심사하는데 유용한 배경기술을 기재하여야 하며, 가능한 이러한 배경기술을 보여주는 서류, 즉, 발명 또는 실용신안 등록출원과 가장 근접하는 선행기술의 서류를 인용할 것을 요구한다. 특허서류를 인용하는 경우에는 적어도 특허서류의 국가번호 및 공개번호를 기재하여야 하며, 공개일자를 포함하는 것이 바람직하다. 다음의 예문과 같으니 번역 시 참고하기 바란다.

선행기술문헌

특허문헌

(특허문헌0001) 일본공개특허공보 제2015-1*****호

(특허문헌0002) 일본공개특허공보 제2012-0*****호

[现有技术文献]

[专利文献]

(专利文献1) 日本公开专利公报第2015-1*****号

(专利文献2) 日本公开专利公报第2012-0*****号

발명의 내용을
번역하는 요령

'발명의 내용'은 중문 특허출원 명세서의 '发明内容발명내용'에 해당된다. 해결하고자 하는 과제, 과제의 해결 수단 및 발명의 효과 세 부분이 포함되는데 중문 명세서의 경우 일반적으로 별도로 표제어로 구분하지 않고 '발명의 내용'에 포괄적으로 포함한다.

해결하고자 하는 과제

한글 특허출원 명세서의 '해결하고자 하는 과제'는 중문 특허출원 명세서의 '要解决的技术问题해결하고자 하는 기술문제'에 해당된다. 일반적으로 정형화된 패턴으로 작성되어 있으며 이에 대응하는 중국어 번역은 다음과 같다.

본 발명의 일 실시예에 따르면 ~가 제공된다.

本发明根据一实施例提供一种~。

본 발명의 일 목적은 ~를 제공하는 것이다.

本发明的目的在于提供一种~。

본 발명의 일 실시형태의 목적은 ~를 제공하는 데 있다.

本发明的一实施形态的目的在于提供一种~。

본 발명이 해결하려는 과제는 ~를 제공하는 데 있다.

本发明的目的在于提供一种~。

예시

본 발명의 일 목적은 서로 인접한 소자 사이의 거리에 따른 보상 팩터를 산출하는 보상 장치를 제공하는 것이다.

本发明的一目的在于提供一种基于相邻元件之间的距离来生成补偿因子的补偿装置。

본 발명의 일 실시형태의 목적은, 기판과의 안정적인 연결을 보장할 수 있는 소자를 제공하는 데 있다.

本发明的一实施形态的目的在于提供一种够保证与基板之间的

稳定连接的元件。

본 발명의 일 실시예에 따르면, 광학식 이미지 안정화 방식과 전자식 이미지 안정화 방식을 병용하는 이미지 안정화 모듈 및 카메라 모듈이 제공된다.
根据本发明的一实施例, 提供一种将光学式图像稳定方式和电子式图像稳定方式并用的图像稳定模块及相机模块。

본 발명이 해결하려는 과제는 노이즈가 발생되어도 안정적인 이미지 안정화 동작을 수행할 수 있는 광학식 이미지 안정화 모듈을 제공하는 것이다.
本发明的目的在于提供一种即使产生噪声也能够执行稳定的图像稳定化操作的光学式图像稳定化模块。

과제의 해결 수단

과제의 해결 수단은 특허출원 명세서의 핵심이다. 왜냐하면 과제의 해결 수단에 기재된 기술방안이 청구범위의 내용과 같거나 대응되기 때문이다. 〈실시세칙〉에서 말하는 '발명 또는 실용신안이 그 기술문제를 해결하기 위하여 적용한 기술방안을 명확하게 기재하여야 한다' 중의 '技术方案기술방안'이 바로 과제의 해결 수단에 해당된다. 이 기술방안 부분에는 최소한 전체 필요기술특징을 포함한 독립항의 기술방안을 반영하여야 하며 기타 부가기술특징을 포함한 한층 더 개량된 기술방안을 기재할 수 있다. 여기에서 독립항의 기술내용은 청구범위의 독립항의 내용과 대응되며, 기타 부가기술특징은 종속항의 내용에 해당된다.

우선 독립항의 기술내용과 청구범위의 독립항의 내용을 살펴보도록 한다.

예시

[과제의 해결 수단]

상술한 본 발명의 과제를 해결하기 위해, 본 발명의 일 실시예에 따른 광학식 이미지 안정화 모듈은 에러값을 보정하는 전처리부와, 상기 전처리부로부터 전달받은 에러값에 따라 렌즈 이동을 제어하여 촬상된 이미지를 안정화시키는 컨트롤러를 포함할 수 있다.

청구항1

에러값을 보정하는 전처리부; 및 상기 전처리부로부터 전달받은 에러값에 따라 렌즈 이동을 제어하여 촬상된 이미지를 안정화시키는 컨트롤러를 포함하는 광학식 이미지 안정화 모듈.

위의 예문과 같이 한글 특허출원 명세서의 과제의 해결 수단의 내용은 일반적으로 청구범위에 대응한다. 또한 특허명세서에 기재한 이러한 기술방안이 청구항이 한정하는 상응하는 기술방안의 기재와 일치하는지 여부는 특허심사 대상이 되기도 한다. 따라서 과제의 해결 수단을 번역할 때 청구범위의 내용을 토대로 참조할 수는 있되, (청구항에 기재해서는 안 되는) '~수 있다'에 대응되는 '可/可以'가 함께 기재되지 않도록 주의해야 한다. 만일 한글 청구항에서 '~수 있다'라는 표현이 발견된 경우, 원문의 오류를 메모하여 출원인에게 피드백하여 정확한 수정이 진행되도록 협조해야 한다. 과제의 해결 수단에서 자주 나타나는 패턴과 이에 대응하는 중문 번역은 다음과 같다.

예시

상술한 본 발명의 과제를 해결하기 위해, 본 발명(의 일 실시예)에 따른 ~는 ~를 포함할 수 있다.

为解决上述本发明的课题, 根据本发明 (一实施例)的~可以包括~。

본 발명의 목적을 달성하기 위하여, 본 발명에 따른 ~는 ~를 포함할 수 있다.

为实现本发明的目的, 根据本发明的 (一实施例) 的~可以包括~。

본 발명의 일 실시예에 따른 ~는 ~일 수 있다.

根据本发明的一实施例~可以是~。

본 발명의 일 실시형태는, ~를 제공한다.

本发明的一实施形态为, 提供~。

본 발명의 일 관점에 따르면, ~는 ~를 포함할 수 있다.

根据本发明的一观点, ~可以包括~。

아래 '과제의 해결 수단' 및 '청구범위'의 샘플 번역을 보면서 이들의 문장 패턴과 양자 사이의 공통점과 차이점을 익혀보자.

예문1

[과제의 해결 수단]

상술한 본 발명의 과제를 해결하기 위해, 본 발명의 일 실시예에 따른 광학식 이미지 안정화 모듈은 에러값을 계산하고, 상기 에러값을 보정하는 전처리부와, 상기 전처리부로부터 전달받은 에러값에 따라 렌즈 이동을 제어하여 촬상된 이미지를 안정화시키는 컨트롤러를 포함할 수 있다.

번역문

为解决上述的本发明的课题, 根据本发明的一实施例的光学式图像稳定化模块可以包括: 预处理部, 计算误差值, 并校正所述误差值; 控制器, 根据从所述预处理部接收到的误差值而控制镜头移动, 从而使拍摄到的图像变得稳定。

청구항1

에러값을 계산하고, 상기 에러값을 보정하는 전처리부; 및 상기 전처리부로부터 전달받은 에러값에 따라 렌즈 이동을 제어하여 촬상된 이미지를 안정화시키는 컨트롤러를 포함하는 광학식 이미지 안정화 모듈.

번역문

1. 一种光学式图像稳定化模块, 包括:

预处理部, 计算误差值, 并校正所述误差值; 以及控制器, 根据从所述预处理部接收到的误差值而控制镜头移动, 从而使拍摄到的图像变得稳定。

예문 2

[과제의 해결 수단]

본 발명의 일 목적을 달성하기 위하여 본 발명의 실시예들에 따른 열화 보상 장치는 보상 팩터를 결정하는 보상팩터 결정부; 및 상기 보상 팩터를 적용하여 영상 데이터를 보상하기 위한 보상 데이터를 생성하는 데이터 보상부를 포함할 수 있다.

번역문

为实现本发明的一目的, 根据实施例的劣化补偿器可包括: 补偿因子确定器, 其配置为确定补偿因子; 以及数据补偿器, 其配置为应用补偿因子以生成用于补偿图像数据的补偿数据。

청구항1

보상 팩터를 결정하는 보상팩터 결정부; 및

상기 보상 팩터를 적용하여 영상 데이터를 보상하기 위한 보상 데이터를 생성하는 데이터 보상부를 포함하는 열화 보상 장치.

번역문

1. 一种劣化补偿器, 包括:

补偿因子确定器, 其配置为确定补偿因子; 以及

数据补偿器, 其配置为应用所属补偿因子以生成用于补偿图像数据的补偿数据。

다음으로, 앞서 언급한 바와 같이 '과제의 해결 수단'에 그 발명의 기타 부가기술특징에 대한 서술을 통하여 한층 더 개량된 종속항의 기술방안을 나타내는 경우가 있다. 이때의 부가기술특징에 대한 서술 내용은 청구범위의 종속항과 대응된다. 아래 예를 통하여 살펴보도록 한다.

예문 3

[과제의 해결 수단]

……….

또한, 상기 제1 소자는, 공통 노드와 제1 전원 사이에 연결되고, 상기 제2 소자는, 상기 공통 노드와 제2 전원 사이에 연결되며, 상기 공통 노드는, 신호라인과 전기적으로 연결될 수 있다.

번역문

另外, 第一元件可连接在共节点和第一电源之间, 第二元件可连接在共节点和第二电源之间, 共节点可与信号线电连接。

청구항2

제1항에 있어서,

상기 제1 소자는, 공통 노드와 제1 전원 사이에 연결되고,

상기 제2 소자는, 상기 공통 노드와 제2 전원 사이에 연결되며,

상기 공통 노드는, 신호라인과 전기적으로 연결되는 구동부.

번역문

2 .根据权利要求1所述的驱动器, 其中:

所述第一元件连接在共节点和第一电源之间,

所述第二元件连接在所述共节点和第二电源之间,

所述共节点与信号线电连接。

상기 과제의 해결 수단에서 기술방안의 종속항을 기재할 때 '할 수 있다', '될 수 있다', '일 수 있다', '수 있다'와 같은 선택적인 어구를 사용하여 명세서에 기재된 기술방안의 범위를 넓혀주는 것이 바람직하다. 특히 위에 예시된 문장과 같이 주의할 점은, 한글 문장에서는 '수 있다'라는 어구가 마지막 구절에 한 번만 나타났지만 이는 일반적으로 앞 구절 전체를 커버하는 것으로 간주해야 한다는 것이다. 따라서 전반적인 기술방안 또는 앞뒤 문맥에 따라 중문 번역 시에는 해당 마지막 구절뿐만 아니라 앞 구절에 모두 '수 있다'에 대응하는 '可' 또는 '可以'를 모두 추가해야 한다. 이처럼 기재한 방안이 선택적인 것이지 필수적인 것이 아님을 확실하게 번역해 주는 편이 바람직하다.

일반적으로 과제의 해결 수단의 한글 표현과 이에 대한 '发明内容'의 중문 표현은 다음과 같은 패턴을 따른다.

본 발명의 일 실시예에 따른/의한 ~는 ~를 포함할 수 있다.

根据本发明的一实施例, ~可以包括~。

본 발명의 또 다른 관점에 따르면 ~는 ~를 포함할 수 있다.

根据本公开的另一实施例, ~可以包括~。

상기 ~는 ~를 더 포함할 수 있다.

所述~可进一步包括~。

본 발명의 일 실시예에 있어서, 상기 ~는 ~중 적어도 하나를 포함할 수 있다.

根据本发明的一实施例, 所述~可包括~中的至少一个。

상기 ~는 ~일 수 있다.

所述~可以是/可以为~。

아래 실제 번역 샘플을 참고하면서 한·중 번역의 미세한 차이를 구체적으로 느껴보자.

예문 1

본 발명의 일 실시예에 따른 도전 패턴은 절연막; 상기 절연막 상에 제공되고, 제1 서브 도전층을 포함하는 제1 도전층; 및 상기 절연막과 제1 도전층 사이에 제공되는 제2 도전층을 포함할 수 있다.

번역문

根据本发明的一实施例, 导电图案可以包括: 绝缘层; 第一导电层, 设置在所述绝缘层上并包括第一子导电层; 以及第二导电层, 设置在所述绝缘层与第一导电层之间。

예문 2

본 발명의 또 다른 관점에 따르면, 은을 포함하는 박막을 식각하는 박막 식각액 조성물로서, 인산, 질산 및 제1인산나트륨을 포함할 수 있다.

번역문

根据本公开的另一实施例, 一种用于蚀刻薄膜的含银薄膜蚀刻剂组合物, 可以包括磷酸、硝酸和磷酸二氢钠。

본 발명의 일 실시예에 있어서, 상기 제1 도전층은 은, 구리, 알루미늄 및 이들의 합금 중 적어도 하나를 포함할 수 있다.

根据本发明的一实施例，所述第一导电层可以包括银、铜、铝及其合金中的至少一种。

상기 추가 도전층은 상기 절연막과 제1 도전층 사이에 제공되는 제2 도전층일 수 있다.

所述附加导电层可以是设置在所述绝缘膜与第一导电层之间的第二导电层。

발명의 효과를
표현하는 방법

한글 특허출원 명세서 상 발명의 효과는 중문 특허출원 명세서의 '有益效果유익효과'와 대응된다. 〈특허심사지침서〉에 따르면 유익한 효과는 발명이 '현저한 진보'를 구비하는지, 실용신안이 '진보'를 구비하는지를 확정하는 중요한 근거다. 또한, 유익한 효과는 발명의 구조적 특징에 대한 분석과 이론설명의 결합 또는 실험 데이터를 열거하는 방식으로 설명할 수 있으며, 발명의 유익한 효과를 단언해서는 안 된다. 따라서 일반적으로 발명의 효과의 한글 표현과 이에 대한 '有益效果'의 중문 표현은 다음과 같은 특징을 가진다.

예시

본 발명의 일 실시예에 따르면 ~는 ~효과가 있다

根据本发明的一实施例, ~具有~的效果。

본 발명의 실시예에 의한 ~는 ~를 개선할 수 있다.

根据本发明实施例的~ 可以改善~。

본 발명의 일 실시예에 따르면 ~를 방지할 수 있다.

根据本发明实施例,可以防止~。

본 발명의 실시예에 따른 ~는 ~수 있다.

根据本发明实施例的~可以~。

예문 1

본 발명의 일 실시예에 따르면, 광학식 이미지 안정 방식은 이미지를 안정화할 수 있는 보정 범위가 넓어지는 효과가 있다.

번역문

根据本发明的一实施例, 光学式图像稳定方式具有可使图像稳定的校正范围变宽的效果。

예문 2

본 발명의 실시예에 의한 전자장치는, 산화물 반도체를 갖는 재료로 구성되어 상대적으로 낮은 누설전류를 가질 수 있고, 소비전력을 개선할 수 있다.

번역문

根据本发明实施例的电子装置，由包含氧化物半导体的材料构成，因此可以具有相对低的泄漏电流，可以改善功耗。

예문 3

본 발명의 일 실시예에 따르면, 상기 도전 패턴을 형성하기 위한 식각 공정의 횟수가 증가하는 것을 방지할 수 있다.

번역문

根据本发明的一实施例，可以防止为了形成上述导电图案而执行的蚀刻工艺的次数增加。

별도로, 발명의 효과 마지막 부분에서는 효과의 범위가 한정되지 않도록 다음과 같은 관용 표현을 덧붙일 수 있으니 예문을 참고하여 번역 방법을 익혀보도록 하자.

예시

본 발명의 다양하면서도 유익한 장점과 효과는 상술한 내용에 한정되지 않으며,

本发明的多样而有益的优点及效果并不局限于上述的内容，

물론 이러한 효과에 의해 본 발명의 범위가 한정되는 것은 아니다.

当然, 本发明的范围并不因这些效果而受限定。

다만, 본 발명의 효과는 상술한 효과에 한정되는 것이 아니며,

但, 本发明的效果不局限于上述效果,

예문1

본 발명의 다양하면서도 유익한 장점과 효과는 상술한 내용에 한정되지 않으며, 본 발명의 구체적인 실시를 설명하는 과정에서 보다 쉽게 이해될 수 있을 것이다.

번역문

本发明的多样而有益的优点及效果并不局限于上述的内容, 其可以在对本发明的具体实施进行说明的过程中得到更容易的理解。

예문2

상기한 바와 같이 이루어진 본 발명의 일 실시예에 따르면, 식각된 금속의 재흡착을 방지할 수 있다. 물론 이러한 효과에 의해 본 발명의 범위가 한정되는 것은 아니다.

번역문

根据如上所述实施的本发明的一实施例, 可实现防止被蚀刻金属的再吸附。<u>当然，本发明的范围并不因这些效果而受限定</u>。

예문3

<u>다만, 본 발명의 효과는 상술한 효과에 한정되는 것이 아니며</u>, 본 발명의 사상 및 영역으로부터 벗어나지 않는 범위에서 다양하게 확장될 수 있을 것이다.

번역문

<u>但，本发明的效果不局限于上述效果</u>，在不脱离本发明的构思及 领域的范围内可得到更多形式的扩张。

도면의 간단한 설명을 위한
번역 노하우

한글 특허출원 명세서의 '도면의 간단한 설명'은 중국 특허출원 명세서의 '附图说明부도설명'에 해당한다.

한글 명세서의 '도면의 간단한 설명'의 정형화된 패턴 및 이에 대응하는 중문 번역은 다음과 같다.

예시

도1은 본 발명의 일 실시예에 의한 ~를 나타낸 도면이다.

图1是示出了根据本公开的实施例的~的图。

도 N은 본 발명의 일 실시예에 따른~의 개략적인 블럭도이다.

图N是根据本发明的一实施例的~的示意性的框图。

도 N는 본 발명의 일 실시예에 따른 ~를 개략적으로 나타내는 플로우 차트이다.

图N是示意性地示出根据本发明的一实施例的~的流程图。

도 N은 본 발명의 일 실시예에 따른 ~를 나타내는 그래프이다.

图N是示出通过根据本发明的一实施例的~的曲线图。

도 N 및 도 N'는 ~를 나타내는 도면들이다.

图N和图N' 是示出~的示例图。

도 N은 도 N'의 ~의 ~선에 따른 개략적인 단면도이다.

图N是沿图N' ~的~线截取的示意性截面图。

도 N은 본 발명의 실시예들에 따른 ~를 나타내는 순서도이다.

图N是示出根据实施例的~的流程图。

도 N은 본 발명의 일 실시형태에 따른 ~를 나타내는 사시도이다.

图N是示出根据本发明的一实施形态的~立体图。

도 N는 ~를 나타내는 평면도이다.

图N是示出~的平面图。

도 N은 ~를 따라 절개하여 본 측단면도이다.

图N是沿着~截取而观察到的侧截面图。

상기 패턴과 같이 '도N'은 '图N'으로 번역되고, '도N 및 도N''는 '图N及/以及/和图N''로 번역된다. 한글 어구에서 '도면들이다'라고 할 때 '들'은 번역하지 않아도 된다. 또한 한글 도면의 간단한 설명에서 '도 4a 및 도 4b'와 같이 도면 부호에 소문자 알파벳이 들어 있는 경우, 중문 번역 시에도 '图4a 及图4b' 소문자 그대로 옮겨쓰면 된다. 단, 명확하게 규정된 것은 아니지만 실무에서는 한글 도면의 "4a, 4b, 4c" 와 같이 소문자로 표기한 도면번호를 중문으로 옮길 때는 소문자를 대문자로 변경하여 "4A, 4B, 4C"로 기재하기도 한다.

예문

도 1은 본 발명의 일 실시예에 따른 카메라 모듈의 개략적인 블럭도이다.

图1是根据本发明的一实施例的相机模块的示意性的框图。

도 2는 본 발명의 일 실시예에 따른 카메라 모듈의 이미지 안정화 방법을 개략적으로 나타내는 플로우 차트이다.

图2是示意性地示出根据本发明的一实施例的相机模块的图像稳定方法的流程图。

도 3은 본 발명의 일 실시예에 따른 이미지 안정화 방법에 의해 흔들림이 보정되는 예시를 나타내는 그래프이다.

图3是示出通过根据本发明的一实施例的图像稳定方法而校正抖动的示例的曲线图。

도 4a 및 도 4b는 화소들의 개구율을 산출하는 일 예를 나타내는 도면들이다.

图4a及4b是示出计算像素孔径比的示例图。

도 7은 도 4a의 화소의 A-A'선에 따른 개략적인 단면도이다.

图7是沿图4a像素的A-A' 线截取的示意性截面图。

도 6은 본 발명의 실시예들에 따른 데이터 보상 방법을 나타내는 순서도이다.

图6是根据实施例的用于补偿数据方法的流程图。

도 1은 본 발명의 일 실시형태에 따른 저항 소자를 나타내는 사시도이다.

图1是示出根据本发明的一实施形态的电阻元件的立体图。

도 2는 도 1에 도시된 저항 소자를 I 방향에서 바라본 평면도이다.

图2是示出从I方向观察图1所示的电阻元件的平面图。

도 3은 도 1에 도시된 저항 소자의 II-II'선을 따라 절개하여 본 측단면도이다. 图3是沿着图1所示的电阻元件的Ⅱ-Ⅱ'线截取而观察到的侧截面图。

도면의 구성품이 비교적 많은 경우에는 구성품의 명칭 목록을 작성하여 도면상 구성품의 구체적인 명칭을 설명하기도 한다. 주의할 점은 한글 특허출원 명세서에서 도면에 나오는 '부호의 설명' 부분은 '발명을 실시하기 위한 구체적인 내용'의 마지막이자 '도면'의 앞에 기재되어 있는 반면, 중문 특허출원 명세서의 경우, '附图说明'의 마지막에 기재된다.

예시

부호의 설명	符号说明
10: 기판	10: 基板
11: 패드	11: 焊盘
12: 솔더	12: 焊料
100: 저항 소자	100: 电阻元件
110: 절연 기판	110: 绝缘基板
120: 저항층	120: 电阻层
130: 단자	130: 端子
140: 보호층	140: 保护层

도면의 종류 및 중문 명칭

- 평면도 平面图
- 정면도　前视图/正视图
- 측면도 側面图/側视图
- 배면도 后视图/背视图
- 사시도 立体图
- 분해 사시도 分解立体图
- 확대 사시도 放大立体图
- 그래프 曲线图
- 저면도 底视图
- (횡)단면도 (横向)截面图/(横向)剖视图
- 측단면도 側截面图/側剖视图
- 종단면도 纵向截面图/纵向剖视图
- 부분단면도 局部截面图/局部剖视图
- 흐름도 流程图
- 공정흐름도 工艺流程图
- 개념도 示意图
- 블록도(블록 구성도) 框图
- 구성블록도 结构框图
- 로직블록도 逻辑框图
- 회로도 电路图
- 부분 확대 회로도 局部放大电路图

발명을 실시하기 위한
구체적인 내용,
특히 유의해야 할 것들

    한글 특허출원 명세서의 '발명을 실시하기 위한 구체적인 내용'은 명세서의 중요한 구성 요소이다. 발명을 충분히 공개, 이해 및 실현하고 청구범위를 뒷받침 및 해석하는 데 있어 매우 중요하다. 이는 중국 특허출원 명세서의 '具体实施方式구체 실시방식'에 해당된다.

    해당 발명을 실현하기 위한 구체적인 실시에 및 도면을 참조하면서 한글 명세서의 내용을 꼼꼼히 번역해야 함은 기본이고, 중국 특허명세서의 작성 원칙에 어긋나지 않도록 주의를 기울여야 한다. 특히 해당 명세서의 기술적인 내용을 정확히 이해해야만 발명을 실시하기 위한 구체적인 내용을 정확히 번역할 수 있다.

용어의 정확성과 일관성

명세서에는 발명의 해당 기술분야의 기술용어를 사용해야 한다. 자연과학 기술용어에 대하여 국가의 규정이 있는 경우에는 통일된 용어를 사용하여야 하며, 국가의 규정이 없는 경우에는 해당 기술분야에서 통용되는 용어를 사용할 수 있다.

특허명세서를 포함한 기술문서에는 분야별로 특정된 전문용어가 있다. 예를 들어, 한국어와 영어 중 'switch'라는 단어는 '스위치' 또는 '교환기'로 사용 가능하다. 'on' 및 'off'는 한국어와 영어 중 '연결하다'와 '차단하다'의 뜻을 표현할 때 모두 사용할 수 있다. 중국어에서 'on'이 트랜지스터 분야에 사용될 경우 '导通'이 적절하고, 전원 스위치일 경우 '接通' 또는 '闭合'로, 가전기기 분야에서는 '打开'로 번역하는 것이 바람직하다. 다시 말해, 분야가 다르면 용어 선택도 달라져야 하는 것이다.

한글 용어에 대응하는 중문 용어가 2개 이상일 경우, 해당 기술분야에서 사용되는 용어를 선택하여 번역해야 한다. 또한 한 기술분야에서도 대응되는 용어가 2개 이상일 경우, 번역 시 중문 용어 뒤에 괄호로 해당 용어의 영문 명칭을 기재하는 것이 바람직하다. 특히 물리나 화학용어일 경우 괄호 설명이 더욱 필요하다.

발명을 실시하기 위한 구체적인 내용을 번역할 때, 동일한 구성요소에 대해서는 일관성 있게 동일한 용어로 번역해야 한다. 만일 동일한 구성요소에 대한 중문 번역이 일관되지 못하고 다른 용어가 혼용되면, 특허심사나 특허소송 시 심사관 또는 소송 상대방이 가장 좁은 의미를 갖는 용어를 선택하여 권리범위를 해석할 수 있으므로 용어의 일관성에 신경을 써야 한다.

아래 예문은 실제 번역에서 용어의 일관성을 지키지 못한 예이다. 아래 예시된 명세서에서 **번역문 1** 에서는 한글 '판'에 대한 중문 번역이 '衬底'와 '板' 2가지로 혼용되었고, 한글 '부분'에 대한 중문 번역이 '元件'와 '部分' 2가지로 혼용되었다.

예문

또한, 층, 막, 영역, 판 등의 부분이 다른 부분 '상에' 있다고 할 경우, … 어느 층, 막, 영역, 판 등의 부분이 다른 부분 상에 형성되었다고 할 경우,

번역문 1

当诸如层、膜、区域或衬底的元件被成为位于另一元件' 上' 时, ……当层、膜、区域、板等的一部分形成在另一部分上时,

번역문 2

当诸如层、膜、区域或衬底的元件被成为位于另一元件' 上' 时, ……当层、膜、区域、衬底等的元件形成在另一元件上时,

위의 번역문 2 와 같이 전기전자분야에서 '판'은 기본적인 중국어 뜻인 '板'보다는 '衬底' 또는 '基板'으로 번역하는 것이 적절하며, 구성 요소들을 설명할 때의 '부분'은 '部分'보다는 '元件'으로 번역하는 것이 더욱 전문적이다.

예문

이에 따라, 구간 누적된 상기 count_set값이 K1가 되면 상기 구간은 손떨림이 없다고 판단한다.

번역문 1

据此, 当时间区间累积的count_set值达到K1时, 判断为所述时间间隔内没有手抖。

번역문 2

据此, 当时间区间累积的count_set值达到K1时, 判断为所述时间区间内没有手抖。

위의 예문의 번역문 1 에서 '구간'이라는 한글 용어가 중문의 '时间区间'과 '时间间隔'로 혼용이 되고 있다. '구간'이라는 단어는 '区间'로 번역되는 것이 일반적이나, 이 특허서류의 기술분야 및 문맥을 참조하면 여기에서는 '어떤 지점과 다른 지점 간의 사이'라는 뜻으로 해석된다. 따라서 번역문 2 와 같이 '시간구간'인 '时间区间'으로 번역하는 것이 더 바람직하다.

이러한 용어의 불일치는 한·중 특허명세서 번역문에 자주 나타나는 오류로 전체 특허명세서의 품질에 영향을 주는 요소로 꼽힌다.

중문 특허명세서는 중국어를 사용하는 것이 원칙이다. 하지만 다른 의미가 없는 경우 개별용어는 중국어 이외의 기타 문자를 사용할 수 있다. 다만, 주의할 점은 비중국어 기술용어를 최초로 사용할 때에는 중국어 번역문을 사용하여 주석을 달거나 중국어로 설명한다.

예를 들면, 아래와 같은 경우에 비중국어의 표현방식을 사용할 수 있다.

첫째, 당업자에게 익숙한 기술용어. 예를 들어, '액정표시장치'를 'LCD(液晶显示器)'로, '유기발광다이오드'를 'OLED(有机发光二极管)'으로 표시할 수 있다. 다만, 동일 문장 내에 비중국어의 기술용어를 연속적으로 사용함으로써 그 문장을 이해하기 곤란한 경우에는 이를 허용하지 않는다.

둘째, 계량단위, 수학부호, 수학공식, 각종 프로그래밍언어, 컴퓨터프로그램, 특정 의미의 표시부호 등은 비중국어 형식을 사용할 수 있다. 따라서 한글 특허명세서를 번역할 때 계량단위를 수정하지 않고 그대로 사용하는 것이 바람직하다. 반드시 수정이 필요할 때는 출원인 또는 의뢰인에게 확인한 뒤 수정한다.

이밖에 인용하는 외국특허문헌, 특허출원, 비특허문헌의 출처 및 명칭은 원문을 사용하여야 하며, 필요시에는 중국어 번역문을 괄호 내에 기재한다.

문장의 정확성, 엄밀성, 간결성

발명을 실시하기 위한 구체적인 내용의 문장은 정확하고 엄밀해야 하며 간결해야 한다. 즉, 명세서의 내용은 당업자가 쉽게 이해할 수 있도록 명확하게 번역하여야 하며 애매모호하거나 앞뒤가 모순되는 부분이 있어서는 안 된다.

── 문장을 정확하게

문장의 정확성에 영향을 미치는 오류로는 단순 번역오류 및 기술을 이해하지 못한 번역오류가 있다. 단순 번역오류로는 단어 번역 부적절, 단어 번역 오류, 단어 번역 누락 오류 등이 있다. 우선 예문이 책에 나오는 예문들은 실제 등록된 특허에서 발췌한 것이 아닌, 설명의 편의를 위해 가공된 예문임을 통해 그 오류들의 유형을 살펴보면 다음과 같다.

부적절한 단어 번역

`예문`

최근 출시되고 있는 모바일 기기에서 카메라는 <u>필수적인</u> 기능 중 하나이며, 그 성능 또한 높아짐에 따라서 수백만 화소에서 천만 화소 이상까지의 고성능의 카메라가 장착되어 출시되고 있다.

在最近上市的移动设备中, 相机是基本的功能之一, 而随着其性能的提高, 上市的产品中装配有数百万像素以上的高性能的相机。

在最近上市的移动设备中, 相机是必不可少的功能之一, 而随着其性能的提高, 上市的产品中装配有数百万像素以上的高性能的相机。

위의 예문을 보면 한글 원문의 '필수적인'을 **번역문 1** 에서 '基本的'로 번역했는데, '基本的'은 '기본적인'이라는 뜻으로 원문의 '필수적인'과는 뜻이 다르다. 따라서 '필수적인'에 대한 정확한 번역은 **번역문 2** 와 같이 '必不可少的'로 하는 것이 더 바람직하다.

예문

촬상면에 이미지를 생성할 수 있다.

번역문 1

成像面上可以产生图像。

번역문 2

成像面上可以生成图像。

위 예문에서 한글 '생성하다'에 대한 번역을 **번역문 1** 에서는 '产生'으로,

번역문 2 에서는 '生成'으로 번역하였다. '产生'은 어떤 사물이 '나타나다'의 의미가 강한 반면, '生成'은 '형성되다'의 의미가 강하여 '이미지를 생성하다'일 경우에는 '产生'보다 '生成' 또는 '形成'이 더 적절하다.

이처럼 서로 비슷한 뜻이 있는 단어는 특히 화학분야에서 그 사용이 더 세분화되어 있다. 예를 들어, 화학분야에서 '생기다'의 의미를 표현할 때 '기체(气体)'는 '产生'이 정확하고, '고체(固体)'는 '生成'이 정확하다. 따라서 문맥과 기술분야에 따라 정확한 표현을 선택해야 한다.

단어 번역 오류

단어 번역 오류로 가장 흔히 보이는 유형은 용어 번역 오류, 동사 번역 오류이다.

예문

측면 전극과 상기 제1 면과 반대에 위치한 제2 면에 위치한 <u>이면 전극</u>을 가진다.

번역문 1

具有侧面电极和布置在位于所述第一面的相反侧的第二面的<u>里面电极</u>。

번역문 2

具有侧面电极和布置在位于所述第一面的相反侧的第二面的<u>背面电极</u>。

위의 예문은 전문용어의 번역 오류이다. **번역문 1** 에서는 '이면'을 '안쪽면'으로 잘못 이해하고 한글 '이면전극'을 '里面电极'로 오번역 한 것으로 보이며, 정확한 번역은 **번역문 2** 의 '背面电极'이다.

아래 예문은 동사 번역 오류이다.

예문

도 2은 도 1에 도시된 소자 어셈블리의 III-III'을 따라 절개하여 <u>본</u> 측단면도이다.

번역문 1

图2是沿着图1所图示的元件组件的III-III'截取的<u>本</u>侧剖面图。

번역문 2

图2是沿着图1所图示的元件组件的III-III'截取而<u>观察到的</u>侧剖面图。

위 예문에서 **번역문 1** 에서는 한글 동사 '본(보+ㄴ)'을 관형사 '본'으로 잘못 이해하고 '本'으로 잘못 번역하였다. 예문의 문맥에 따른 정확한 번역은 **번역문 2** 와 같이 '观察到的'로 하여야 바람직하다.

이상의 번역은 단순 번역오류로 볼 수 있다. 왜냐하면 번역 검수자의 입장에서 쉽게 찾아낼 수 있기 때문이다. 이와 달리 특허명세서에서 기술된 기술방안에 대한 이해가 부족하여 나타나는 번역오류는 단순 번역오류에 비해 찾아내기가 어려울 뿐만 아니라 특허의 권리범위 보호와 유효성에 영향을 줄 수도 있다.

예문

입력유닛 및 컨트롤유닛 중 다른 구성과 연속공정을 통해 형성된 해당 구성은 '층'으로 표현된다.

번역문 1

当通过输入单元和控制单元之间的连续工艺与另一个组件形成组件时, 组件可以统称为 '层' 。

번역문 2

当输入单元和所述控制单元中与别的组件通过连续工艺形成一个组件时, 这些组件可以统称为 '层' 。

위의 예에서 한글 원문의 뜻을 풀이하면 '입력유닛 및 컨트롤유닛 중의 하나가 다른 구성과 연속공정을 통해 다른 구성을 형성했을 경우, 해당 구성을 '층'으로 표현한다'라는 뜻이다. 원문의 의미를 정확히 이해하고 번역한 문장은 번역문 2 이다. 번역문 1 에서는 '입력유닛 및 컨트롤유닛 사이의 연속공정을 통해 다른 구성과 또 다른 구성을 형성된 경우'로 잘못 이해하고 번역한 것으로, 기술을 이해하지 못한 상황에서 나타난 전형적인 오번역이다.

──── 문장을 엄밀하게

한글 특허명세서에서 기술방안을 설명할 때 가장 자주 나타나는 구절은 '~수 있다' 이다. 발명의 권리범위를 해석할 때 실시예에 한정된 채 해석되지 않도록 청구범위의 보호범위를 확대 수 있는 표현이다. 중문 번역 시에도 누락해서는 안 되며, 문장에서의 번역 위치도 중요하다.

다음은 '~수 있다'에 대응되는 중국어 능동동사 '可/可以'의 번역이 누락된 예문이다.

예문

일 예에서, 상기 제1단자는 상기 제1 면과 마주보는 제1 이면 전극; 및 상기 제1 이면 전극과 상기 제1내부 전극을 연결하는 제1측면 전극;을 포함할 수 있다.

번역문 1

在一实施例中, 所述第一端子包括: 第一背面电极, 其与所述第一面面对; 第一侧面电极, 其连接所述第一背面电极和所述第一内部电极。

번역문 2

在一实施例中, 所述第一端子可包括: 第一背面电极, 其与所述第一面面对; 第一侧面电极, 其连接所述第一背面电极和所述第一内部电极。

다음은 한국어와 중국어 문장 특성상 '~수 있다'에 대응하는 중문 능동동사 '可/可以'의 의미를 확실하게 살려 중문 명세서의 기술적인 애매모호성을 해결해 주는 경우이다.

전극의 제1 부분은 제1 절연층의 제1 부분에 대응되고, 전극층의 제2 부분은 제1 절연층의 제2 부분과 대응되도록 전극의 하부에 중첩될 수 있다.

电极层的第一部分与第一绝缘层的第一部分对应, 以及电极层的第二部分可与电极的下部重叠, 以对应于第一绝缘层的第二部分。

电极层的第一部分可与第一绝缘层对应, 以及电极层的第二部分可与电极的下部重叠, 以对应于第一绝缘层的第二部分。。

위의 예문을 보면, 한글 문장에서 '~수 있다'는 마지막 구절에만 나타나지만 한국어 특성상 앞 구절인 '전극층의 제1 부분은 제1 절연층의 제1 부분에 대응되고,'도 포함하고 있다. 하지만 이런 경우 번역문 1 과 같이 그대로 직역하면 중문 문장에도 한글에 존재하는 의미모호성이 따라온다. 따라서 번역문 2 와 같이 중문 문장의 앞 구절에도 '~수 있다'에 대응하는 '可/可以'를 추가 번역해 주면 중문 문장의 의미모호성 문제를 해결할 수 있다.

이외에 한글 명세서 원문에서 특허실시에 대한 기술방안이 엄밀하지 않을 경우에는 첨부도면을 참조하여 기술방안을 이해한다. 첨부도면을 참조하여도 완벽히 이해하기 어려운 경우 메모하여 출원인이나 의뢰인에게 확인하는 과정이 필요하다.

—— 문장을 간결하게

특허는 전형적인 과학기술 문서로 기술에 대한 객관적이고 정확한 설명과 입증을 위하여 문장이 길고 구조가 복잡한 구절이 많은 것이 특징이다. 이런 구절을 번역할 때는 여러 문장들로 분절하여 번역하기도 하고, 원문의 문장 순서를 바꾸어 번역하기도 한다. 이에 대한 자세한 설명은 '복합문'에서 자세하게 설명하기로 한다.

도면을 참조한 부분의 번역

특허출원 명세서에 첨부된 도면이 있는 경우, 발명을 실시하기 위한 구체적인 내용에서 도면을 참조하여 발명의 실시예를 서술한다. 이때 사용된 도면 부호 또는 부호는 도면에 표시된 것과 일치하여야 하며, 상응하는 명칭 뒤에 기재하고 괄호를 사용하지 않는다.

예문1

도 1을 참조하면, 본 발명의 일 실시예에 따른 카메라 모듈(100)은 이미지 안정화 모듈(110)을 포함할 수 있고, 이미지 안정화 모듈은 모터 제어부(111) 및 보정부(112)를 포함할 수 있다.

번역문

参照图1，根据本发明的一实施例的相机模块100可以包含图像稳定模块110，图像稳定模块110可以包含电机控制部111以及校正部112。

예문2

도 2를 참고하면, 본 발명의 실시예에 따른 전자장치(1000)는 윈도우(100), 패널(110), 차폐층(200)을 포함한다.

번역문

参照图2，根据实施例的电子装置1000包括视窗100、面板110、屏蔽层200。

첨부된 도면의 내용과 발명을 실시하기 위한 구체적인 내용이 불일치할 때는 해당 도면과 내용을 이해한 상태에서 발명을 실시하기 위한 구체적인 설명의 내용과 도면의 내용이 일치하도록 번역하고, 이를 메모하여 출원인 또는 의뢰인에게 피드백하여 확인한다.

특허가 공정, 조제 방법과 관련된 발명일 경우, 한글 명세서의 공정 또는 조제 단계에 대해 아래 예문과 같이 설명한다. 즉, 알파벳이나 아라비아숫자로 해당 스텝 뒤에 번호를 부여하는데 중문으로 번역할 때는 중문 명세서 작성 양식에 맞추어 해당 번호를 스텝 앞에 옮겨 표기한다.

예문 3

한편, 본 발명의 또 다른 일 실시예에 따른 A의 제조방법은 B 상에 C층을 형성하는 단계(a), C층 상부에 D를 형성하는 단계(b), D상부에 E를 형성하는 단계(c)를 포함한다.

번역문

另外, 根据本发明实施例, 制造A的方法包括如下步骤: (a) 在B上形成C, (b) 在C上形成D, (c) 在D上方形成E。

선언적인 관용구의 번역

　일반적으로 발명을 실시하기 위한 구체적인 내용의 맨 앞쪽과 뒤쪽에는 발명의 보호범위가 구체적 실시예에 한정되지 않는다는 것을 선언하는 관용어구, 즉, 발명의 보호범위의 축소해석 방지를 선언하는 문구가 기재된다.

예문 1

이하 도면을 참조하여 본 발명을 보다 전면적으로 설명한다. 도면은 본 발명의 실시예를 도시하였다. 본 발명의 기술분야에서 통상의 지식을 가진 자는 여기에서 설명된 실시예는 본 발명의 사상 또는 범위를 벗어나지 않은 상황하에서 다양한 방식으로 수정될 수 있음을 알 수 있다.

번역문

在下文中将参照附图更全面地描述本公开, 附图示出了本公开的实施例。本领域普通技术人员将认识到, 所描述的实施例可在不脱离本公开的精神或范围的情况下以各种方式进行修改。

예문 2

도면 및 설명은 본질적으로 설명적인 것이고 비제한적인 것이며, 명세서 전반에 걸쳐 동일한 도면부호는 동일한 요소를 지시하는 것으로 간주되어야 한다.

번역문

附图和描述本质上被认为是说明性的而非限制性的, 并且在整个说明书中相同的附图标记表示相同的元件。

예문 3

이해 및 설명의 용이성을 위해 도면에 도시된 각각의 구성의 크기 및 두께는 임의로 도시되며, 본 발명은 이에 제한되지 않는다. 도면에서 층, 막 등의 두께는 명확성을 위해 확대되어 도시될 수 있다.

번역문

为了更好地理解和便于描述和说明, 任意示出了附图中所示的每个配置的尺寸和厚度, 并且本公开不限于此。在附图中, 为了清楚起见, 层、膜等的厚度可夸大示出。

예문 4

다르게 정의되지 않는 한, 본문에서 사용되는 모든 용어(기술 및 과학 용어)는 본 발명이 속하는 기술분야에서 통상의 지식을 가진 자에 의해 일반적으로 이해되는 것과 동일한 의미를 가지고 있다. 본문에서 명확하게 정의되지 않는 한, 상용사전 중에서 정의된 용어와 같은 용어는 관련 기술의 문맥에서의 의미와 일치하는 의미를 갖는 것으로 해석되어야 하며, 이상적이거나 지나치게 공식적인 의미로 해석되어서는 안 된다.

번역문

除非另有定义, 否则本文中所使用的所有术语 (包括技术和科学术语) 具有与本公开所属技术领域的普通技术人员通常理解的含义相同的含义。除非在本文中明确地这样定义，否则诸如常用词典中定义的那些术语应被解释为具有与它们在相关技术的上下文中的含义一致的含义，不应以理想化或过于正式的含义来解释。

위의 관용구들은 발명을 실시하기 위한 구체적인 내용에서 본격적인 기술 설명에 들어가기 전에 기재되는 내용이고, 아래 관용구들은 발명을 실시하기 위한 구체적인 내용의 뒷부분에 기재되는 예문이다.

예문 5

본문에서 일부 실시예와 실현들을 설명하였으나, 이 설명으로부터 기타 실시방식 및 수정들이 명백해질 것이다. 따라서 본 발명의 개념은 이러한 실시예로 제한되지 않으며, 첨부된 청구범위의 넓은 범위 및 본 발명이 속하는 기술분야에서 통상의 지식을 가진 자에게 명백한 다양한 명백한 수정 및 등가의 구성으로 제한된다.

번역문

虽然已在本文中描述了一些实施例和实现，但是从该描述中可以明显看出其他实施例和修改。因此，本发明的概念不限于这些实施例，而是限于所附权利要求的更广泛的范围以及本领域普通技术人员显而易见的各种明显的修改和等效的构成。

본 발명은 현재 실시예들로 간주되는 내용과 결부시켜 설명되었으나, 본 발명은 공개된 실시예들에 제한되지 않고, 반대로 첨부된 청구범위의 사상 및 범위 내에 포함되는 다양한 수정과 등가의 구성을 포함하도록 의도된 것이다.

虽然本公开已结合目前被认为是实施例的内容进行了描述, 但是应理解, 本公开不限于所公开的实施例, 而是相反地, 旨在涵盖包括在所附权利要求书的精神和范围内的各种修改和等同构成。

발명을 실시하기 위한 구체적인 내용의 맨 앞쪽과 뒤쪽에 삽입하는 관용구 외에도 아래와 같이 방법의 단계를 설명하는 경우에도 적절한 위치에 기재된 단계에 한정되지 않는다는 문구를 삽입하는 경우도 있다.

한편, 본 발명의 또 다른 일 실시예에 따른 A의 제조방법은 B 상에 C를 형성하는 단계(a), C 상부에 D를 형성하는 단계(b), D 상부에 E를 형성하는 단계(c) 를 포함한다. 상술한 단계 (a)~(c)까지의 순서는 바람직한 것이다. 다만, 본 발명은 상술한 순서 또는 순서에 따라 이러한 단계를 실행하는 것에 한정되지 않는다. 상술한 단계 전이나 단계 사이 또는 단계 뒤에도 여러가지 단계를 B 상에 실행할 수 있다.

另外, 根据本发明实施例, 制造A的方法包括如下步骤: (a) 在B上形成C, (b) 在C上形成D, (c) 在D上方形成E. 如上所述的步骤 (a) 至 (c) 的顺序是优选的。然而, 本公开不限于按照上述顺序或依次执行这些步骤。在上述步骤之前、之间或之后, 也可以将许多步骤施加至B上。

청구범위의 번역,
어떻게 대응할까?

청구범위는 출원인이 기술을 보호하고 싶은 범위, 즉, 특허권으로 보호를 요구하는 범위이다. 기술적으로는 단지 명세서의 내용에 대한 개괄이지만 법률적인 측면에서는 아주 중요하다. 특허의 보호범위는 수권받은 청구범위의 내용을 기준으로 하며, 그 내용은 타인이 특허침해 여부를 판단하는 근거가 되기 때문이다. 한글의 청구범위에 대응하는 중문 명칭은 '权利要求书 권리요구서'이다.

청구범위의 특징 및 구성

청구범위는 최소한 하나의 독립항과 다수의 종속항으로 이루어진다. 독립항은 독립적으로 권리범위를 청구하는 청구항이고, 종속항은 독립항의 기술방안에 대하여 독립항을 한정하거나 추가하여 구체화하는 청구항이다. 몇 개의 청구항이 있는 경우에는 순서대로 번호를 매긴다. 한글 청구범위의 순번은 '청구항1', '청구항2'… '청구항n'으로 표기하며 중문 청구범위에서는 '1', '2'… 'n'와 같이 아라비아숫자를 사용하여 순번을 표기한다.

한글 청구항은 독립항과 종속항에 관계없이 일반적으로 '전제부', '전이부', '본문' 세 부분으로 구성되는 반면, 중문 청구항은 독립항인지 종속항인지에 따라 구성부분의 명칭이 다르다. 중문 독립항은 일반적으로 '前序部分전서부'과 '特征部分특징부'으로 구성되고, 종속항은 '引用部分인용부'과 '限定部分한정부'으로 구성된다.

예를 통해 한글 및 중문 청구항의 대응관계 및 번역 방법을 살펴본다.

예문

청구범위

【청구항1】

액화가스 공급 시스템에 있어서,

액화가스를 공급하는 액화가스 라인;

액화가스를 공급함으로써 생성되는 증발가스를 배출시키는 가스 배출 라인; 및

상기 증발가스를 다른 액화가스 저장탱크에 공급하는 가스 공급 라인;을 포함하는, 액화가스 공급 시스템.

权 利 要 求 书

1. 一种液化气体供应系统, 包括: :

液化气体管线, 其供应液化气体;

气体排出管线, 其排出供应液化气体而产生的蒸发气体; 以及

气体供应管线, 其将所述蒸发气体供应到其他液化气体储存罐。

위의 예문은 독립항의 예문이다.

● 한글 예문에서 '액화가스 공급 시스템에 있어서,'는 전제부로, 이에 대응
  하는 중문은 '一种液化气体供应系统,'이며 중문 청구범위의 독립항
  에서는 전제부를 '前序部分'이라고 한다.
● '을 포함하는'은 전이부로, 이에 대응하는 중문은 '包括:'이다.
● 전제부와 전이부를 제외한 '액화가스 공급 선박으로부터 저장탱크로 …
  에 공급하는 가스 공급 라인'은 본문으로, 이에 대응하는 중문은 '液化
  气体管线, …供应到其他液化气体储存罐.'이다.

위의 예문처럼 일반적으로 한글 독립항의 '전제부'는 중문 독립항의 '前序
部分'의 명칭과 대응되며, '전이부' 및 '본문'은 중문 독립항의 '前序部分전서부'
에서 특허의 명칭을 제외한 부분과 '特征部分특징부'에 대응된다. 한글 독립
항을 중문으로 번역할 때 '전제부에 해당되는 '~에 있어서,'는 '一种~,'으로 번

역한다. '~'에 들어가는 문구는 발명의 명칭과 같다.

한글 독립항에 '전제부'가 없는 경우도 있는데, 이런 경우에는 해당 독립항의 끝부분의 '~을 포함하는' 또는 '~을 특징으로 하는' 문구 뒤에 기재된 발명의 명칭을 찾아 '一种~,'으로 번역한다. 즉, 위의 예문에서 독립항의 끝부분에 기재된 '~을 포함하는' 뒤에 기재된 '액화가스 공급 시스템'을 발명의 명칭으로 '一种液化气体供应系统,'로 번역하면 된다. 주의할 점은 '一种~'뒤에 ',' 쉼표를 기재하는 것이다.

한글 독립항의 '전이부'에 해당하는 '~을 포함하는'은 '包括 :'로 번역하며 '~을 특징으로 하는'은 '其特征在于, 包括 :'로 번역하는 것이 바람직하다. 여기에서 주의할 점은 '包括' 뒤에 ':'콜론, colon을 기재하는 것이다.

한글 독립항의 본문은 발명의 구성요소들 및 구성요소들 간의 구조적 특징 또는 위치나 배열 등 유기적 결합 관계를 기재하는 것이 일반적이다. 본문은 선행기술과 가장 구별이 되는 핵심 사상을 기재하는 것으로 청구범위에서 중요한 부분이다. 이를 어떻게 기재하는가에 따라 보호범위가 달라지므로 번역 시에도 유의할 필요가 있다.

한글 문장구조 특징상 구성부분을 특정 또는 한정하는 구절은 해당 구성부분의 앞에 관형사구로 오는 경우가 대부분이다.

위의 청구항을 참고하면 '액화가스 공급 선박으로부터 저장탱크로 액화가스를 공급하는 액화가스 라인' 처럼 기재된다. 중문으로 번역할 때 '액화가스 라인'은 '액화가스 공급 시스템'의 구성부분을 열거할 때 앞부분에 기재하고, '액화가스 공급 선박으로부터 저장탱크로 액화가스를 공급하는'을 뒤에 기재한다. 즉, '液化气体管线, 其从液化气体供应船舶向储存罐供应液化气体;' 처럼 번역하여 해당 발명 명칭의 구성부분을 일목요연하게 할 수 있으며, 이는 중문 청구항의 작성 원칙에도 부합된다.

같은 원칙으로 '상기 액화가스 저장탱크로 액화가스를 공급함으로써 생성되는 증발가스를 배출시키는 가스 배출 라인'은 '气体排出管线, 其排出通过向所述液化气体储存罐供应液化气体而产生的蒸发气体;'으로 번역한다.

다른 예로 '상기 윈도우 기판은 적어도 2매의 베이스 기판들 및 서로 인접한 두 베이스 기판들 사이에 제공된 차단층을 포함하는'에서 '所述衬底包括至少两片基衬底以及设置在所述两片基衬底之间的阻挡层.'으로 직역할 수 있다. 그러나 '상기 기판'의 두 구성요소인 '적어도 2매의 베이스 기판들'과 '차단층'을 앞으로 가져오고, '차단층'의 위치를 한정하는 수식구인 '서로 인접한 두 베이스 기판들 사이에 제공된'을 뒷부분으로 위치를 바꾸어, '所述衬底包括至少两片基衬底以及阻挡层, 所述阻挡层设置在所述两片基衬底之间.'으로 번역하면 '기판'의 구성요소 및 '차단층'의 위치

특징이 보다 일목요연해지는 효과가 있다.

다음은 종속항의 예문이다.

【청구항2】

제1항에 있어서,

상기 자외선 차단층은 100nm 이하의 파장 대역에서 10% 이하의 투과율을 갖는 전자장치.

2. 根据权利要求1所述的电子设备, 其中, 所述紫外线阻挡层在100nm以下的波长带中具有10%以下的透射率。

- 위 한글 예문에서 '제1항에 있어서,'는 전제부로 이에 대응하는 중문은 '根据权利要求1所述的电子设备,'이며, 중문 종속항의 '引用部分인용부'에 해당된다.
- 한글 예문에서 '~을 갖는'은 전이부로, 이에 대응하는 중문은 '具有~'이다. 중문에서는 전이부라는 개념이 없으며 '其中, 所述紫外线阻挡层在100nm以下的波长带中具有10%以下的透射率.' 전체 구절이 중문 종속항의 '限定部分한정부'에 해당된다.

한글 종속항의 전제부는 '~에 있어서,' '~로서,' '~에서'와 같은 표현이 사용되고, '~' 부분에는 앞서 기재된 독립항 또는 종속항의 번호를 기재한다. '~에 있어서,'에 대응하는 중문 번역은 '根据~' 또는 '如~'가 된다.

아래 예문과 같이 한글 종속항의 '~'에는 '제1항'에 있어서', '제2항'에 있어서'와 같이 앞서 인용한 청구항의 번호만 기재하는 반면, 중문 번역을 할 때는 '根据权利要求1所述的电子设备,'와 같이 인용한 청구항의 번호뿐만 아니라 인용한 청구항의 주제명칭을 다시 기술해야 한다.

예문

【청구항3】

제1항에 있어서,

상기 차단층은 300nm 미만의 파장 대역에서 5% 이하의 투과율을 갖는 전자장치.

번역문

3. 根据权利要求1所述的电子设备, 其中, 所述阻挡层在小于300nm的波长带中具有5%以下的透射率。

종속항이 여러 개의 청구항을 인용할 경우 청구항의 번호는 '或 또는' 또는 기타 '或'와 비슷한 표현방식으로 기술한다. 예를 들어, 종속항에서 '或 또는'와 비슷한 표현방식은 다음과 같다.

根据权利要求1或2所述的…，

根据权利要求1、2、3或4所述的…，

根据权利要求1至4中任一权利要求所述的…，

　일반적으로 하나의 청구항은 하나의 문단으로 기술한다. 즉, 하나의 청구항에는 마침표가 하나밖에 없다. 다만, 기술특징이 많고 내용과 상호 관계가 복잡하여 문장부호만으로 그 관계를 명확히 기술하기 어려운 경우, 하나의 청구항을 행을 나누거나 작은 문단으로 나누어 기술하는 방법이 있다. 이런 경우 중문 번역 시에도 한글 원문의 행과 문단을 그대로 유지하여 번역하는 것이 일반적하다.

　또한 중국어 문장부호의 특징을 적당히 결부시켜 번역할 수도 있다. 예를 들어, 청구항의 전제부와 전이부 어구 사이에는 ‘，’쉼표를, 전이부 어구와 본문 사이에는 ‘：’콜론을, 본문 내용 중의 각 특징 사이는 ‘；’세미콜론 또는 문단으로 구분할 수 있다. 물론 마지막은 ‘。’마침표로 마무리한다.

청구범위의 개방형, 폐쇄형 전이부 어구

앞서 독립항 및 종속항에서 언급한 한글 청구항의 전이부에는 '개방형', '폐쇄형', '부분 폐쇄형' 어구가 있지만, 중문 청구항에는 '개방형' 및 '폐쇄형' 2가지 유형만 있고 '부분 폐쇄형'이라는 개념은 없다.

〈특허심사지침서〉에 따르면 일반적으로 개방식 청구항開放式权利要求은 '포함包含', '포괄包括', '주로 …으로 구성되다主要由…组成', '~로 형성되다'라는 어구로 표현된다. 개방식 청구항 어구를 사용하면 청구항 해석 시 청구항에서 언급하지 않은 구조 구성부분 또는 방법 절차도 포함할 수 있다는 것으로 해석된다. 금속소재 및 화학분야를 제외한 거의 모든 청구항의 전이부가 개방식으로 표현된다.

한편, 폐쇄식 청구항封闭式权利要求은 '…으로 구성되다由…组成'라는 표현방식을 취한다. 폐쇄식 청구항 어구를 사용하면 청구항에 기재된 것 이외의 구성부분 또는 방법 절차를 포함하지 않는 것으로 해석된다. 금속소재 및 화학 분야를 제외한 기술분야의 실무에서는 실제로는 거의 사용하지 않는다. 폐쇄식 청구항 표현방식을 사용한 청구범위는 실질적 권리행사를 어렵게 하기 때문이다.

마지막으로 종속항의 전이부 어구는 '~을 더 포함하는', '상기 ~는' 등의 표현방식을 취할 수 있으며, 이에 대응하는 중국어 번역은 각각 '还包括~', '其中, 所述~'이다.

실무에서 청구항 작성 시, 중문 청구항에서 실용신안 특허의 경우, 종속항의 전이부 어구는 엄격하게 "그 특징은···(其特征是, ···)"으로 기재하지만, 발명 특허의 경우에는 "그 특징은···(其特征是; 其特征在于···)"로 기재하기도 하고, "그중···(其中;···)"으로도 많이 기재하고 있다.

예문

【청구항2】

청구항1에 있어서,

상기 가스 배출 라인을 따라 배출되는 증발가스를 가열하는 히터를 더 포함하는, 액화가스 공급 시스템.

번역문

根据权利要求1所述的液化气体供应系统, 其中,

进一步包括:

加热器, 用于加热沿着所述气体排出管线排出的蒸发气体。

【청구항6】

제5항에 있어서,

상기 점착층은 상기 제1 영역과 상기 제2 영역에서 서로 다른 두께를 가지는
전자장치.

6 .根据权利要求5所述的电子装置, 其中, 所述粘合层在所述第
一区域和所述第二区域中具有不同的厚度。

만일 한글 청구항에서 '…으로 구성되는', '…으로 이루어지는'이 사용되었
다면 '…包括 :', '…的组成有…'으로 번역하여 〈특허심사지침서〉에서 규정
한 '由…组成'이라는 폐쇄형 청구항의 표현과 구분되게 하는 것이 바람직하
다. 만일 '由…组成'이라는 표현을 사용하려면 출원인 또는 의뢰인에게 중문
청구항에서의 표현방식을 설명하고, 다시 한번 확인받도록 한다.

각별히 주의할 점은 청구항에서 반드시 나타나는 '상기'에 대한 번역인데,
자세한 내용은 '대명사' 부분에서 설명하도록 한다. 여기에서는 청구범위에서
의 '상기'는 반드시 '所述'로 번역되어야 한다는 점만 기억해두기로 하자.

요약서 번역에
접근하는 요령

한글 특허명세서의 구성부분인 '요약서'는 중문 특허문서에서는 '说明书 摘要설명서 적요라고 한다. 중문 특허문서에서 '설명서 적요이하 '요약서'는 명세 서, 청구범위로부터 독립된 문서이다. 명세서 및 청구범위를 번역하고 나면 요약서의 번역은 상대적으로 쉬워진다.

요약서의 역할은 단지 특허청 및 대중이 발명의 내용을 빨리 알 수 있게 하는 것으로, 법적효력은 없다. 따라서 사용되는 언어는 청구항이 아니라 기 술방안의 설명에 더 가깝다. 예를 들어, '상기' 등 청구항에서 엄격한 의미가 있는 단어는 보다 유연성 있게 번역할 수 있으며 문장이 자연스러우면 된다.

중문 요약서는 문자 부분문장부호 포함이 300자를 초과하여서는 안 되며 상 업적인 선전 용어도 사용할 수 없다. 따라서 한글 요약서를 번역할 때 중문 으로 300자, 특히 350자가 넘을 경우에는 출원인 또는 의뢰인의 피드백을 받아 내용을 적당하게 편집한 후 번역에 임할 필요가 있다. 또 한 가지 주의할 점은 요약서 문자 부분에 도면부호가 있을 때 괄호를 추가해야 한다는 것이다.

요약서는 한 문단으로 구성되어 있다. 일반적으로 실제 한글 요약서는 독립항의 내용과 기술분야의 내용을 정리하여 기재한 경우가 대부분이므로, 이를 참조하여 번역하면 요약서 번역에 도움이 될 것이다.

예문1

요약서

피처리 기판 상의 박리 대상물을 박리하는 방법이 개시된다. 피처리 기판 상의 박리 대상물을 박리하는 방법은 제1 충진 밀도를 갖는 박리 대상물을 처리하여 상기 제1 충진 밀도보다 작은 제2 충진 밀도의 박리 대상물을 형성하는 단계, 및 상기 제2 충진 밀도의 대상물에 증기를 분사하여 상기 박리 대상물을 상기 기판으로부터 제거하는 단계를 포함한다.

번역문

说明书摘要

本申请提供了一种形成薄膜图案的方法, 包括: 加工第一光刻胶图案以将第一光刻胶图案转化为具有第二堆积密度的第二光刻胶图案, 第二堆积密度低于第一堆积密度, 以及通过将蒸汽喷洒到第二光刻胶图案上来剥离第二光刻胶图案。

요약서

본 발명은 조리실의 상부에서 마이크로파를 균일하게 방사할 수 있고, 마이크로파 방사 시 도파관 안에서 반사파를 상쇄시킬 수 있는 방사 모듈을 개시한다. 상기 방사 모듈은, 조리실 상부에 구성되며 평행한 경로들을 형성하는 복수 개의 도파관;을 포함하고, 상기 도파관들의 저면에 복수 개의 쌍 슬롯 안테나가 배열되도록 형성된다.

번역문

说明书摘要

本发明公开了一种辐射模块, 该辐射模块可以从烹饪腔室的上部均匀地辐射微波, 并在辐射微波时可以抵消波导管内的反射波。

所述辐射模块包括: 多个波导管, 其设置在烹饪腔室的上部并形成平行路径, 其中, 所述多个波导管的底表面设置有多个排列的双缝隙天线。

도면 번역 시
챙겨야 할 것들

한글 특허명세서에서 '도면'은 중국어의 '说明书附图명세서 도면'에 해당된다. 도면 문자의 번역은 반드시 명세서의 내용과 일치해야 한다. 도면에 기재된 한글은 도면사가 중문으로 교체해 넣을 수 있도록 번역자가 번역해 주어야 한다.

아래 도면 내용 번역 샘플과 같이 번역 내용을 도면 하단 또는 별도 페이지에 일괄적으로 기재하면, 도면사들이 번역 내용을 참조하여 중문 도면을 작성한다.

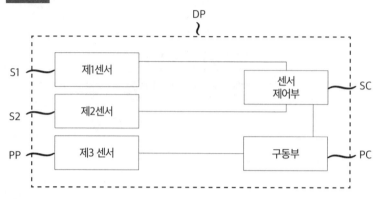

제1센서	第一传感器
제2센서	第二传感器
제3센서	第三传感器
센서 제어부	传感器控制器
구동부	驱动器

흐름도 등에 있는 문자를 번역할 때도 누락되는 단어 없이 번역해야 한다.

도면의 번역은 어렵지 않지만 소홀히 하면 오류가 발생할 수 있다. 명세서 내용과 결부시켜 내용을 일치하게 번역하면 실수를 줄일 수 있을 것이다.

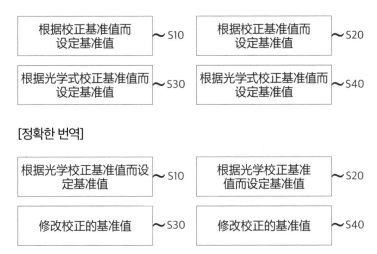

지금까지 살펴본 대로 특허출원서류는 각 구성부분의 역할과 작성 방식 및 패턴이 각기 다르며, 원시 언어와 목표 언어의 특징에 따라 번역 방식도 달라진다. 번역자는 반드시 이러한 특징에 따라 번역을 해야 한다. 예를 들어, 명세서의 실시예에 도면이 있다면 도면과 대조하여 명세서 문자 부분을 번역한다.

청구범위의 번역은 반드시 논리적으로, 한 글자 한 구절을 세심히 다룰 필요가 있다. 또한 마음대로 원문의 특정 법률적 의미가 있는 어구를 수정해서는 안 된다. 청구항의 번역문은 보호범위를 확정할 수 있어야 하며 정확해야 한다.

발명의 내용 중 기술방안의 번역은 청구범위와 상응해야 한다. 명세서 중 선행기술과 발명 목적의 번역은 중국어 독자의 사고 및 읽기 습관을 염두에 두어야 한다.

다른 번역과 마찬가지로, 특허명세서의 본격적인 번역에 들어가기 전, 우선 한글 원문을 읽고 기술방안을 이해하고 시작하기를 권장한다. 그중에서도 특허명세서 작성의 근본 틀이 되는 '발명신고서'를 번역 전 참고할 수 있으면, 번역 속도와 품질을 배가시키는 효과를 볼 수 있다. '발명신고서'에는 발명을 착안하게 된 계기, 배경기술, 본 발명의 핵심 기술방안 및 기술효과가 짧고 간결하게 요약되어 있어 빠른 시간 내에 기술방안의 핵심을 파악할 수 있기 때문이다.

기술문서를 포함한 일반 문서는 원문 내용을 순서대로 번역하는 것이 일반적이다. 그러나 한·중 특허서류 번역 실무에서는 '청구범위', '발명의 내용' 및 '요약서'를 제외한 명세서 부분의 내용을 먼저 번역하고, '청구범위', '발명의 내용' 및 '요약서' 순으로 나중에 번역하며, 마지막으로 도면을 번역하는 것이 보다 효율적이다. 이유가 무엇일까? '청구범위'의 내용은 '발명을 실시하기 위한 구체적인 내용'에 기반한 것으로, '발명을 실시하기 위한 구체적인 내용'을 번역하면서 기술방안을 이해하고 숙지하는 워밍업 단계라고 볼 수 있다. 그리고 청구범위는 '발명을 실시하기 위한 구체적인 내용'을 종합적으로 취합하여 축약된 방식으로 표현한 것으로, '발명을 실시하기 위한 구체적인 내용'을 번역 후에 이와 대조하면서 '청구범위'의 내용이 '발명을 실시하기 위한 구체적인 내용'을 근거로 하였는지, 보호범위를 적절하게 기술하였는지, 용어가 통일되었는지 등을 전반적으로 볼 수 있기 때문이다. 또한 '발명의 내용'은 '청구범위'의 기재내용과 거의 비슷한 경우가 많기 때문에 '발명의 내용'을 번역하며 '청구범위'의 내용과 대조함으로써 다시 한번 '청구범위' 부분의 내용을 검수할 수 있다. '요약서' 부분은 일반적으로 '발명의 내용' 부분의 첫 번째 기술방안을 거의 그대로 기술한 내용이므로, 마지막에 번역하면 훨씬 쉬워진다.

중국 특허출원 히든 노트

제3장

한·중 특허출원서류 번역에서 주의할 점

수량사, 접속사, 관형사 및 대명사, 방위사, 피동구문, 복합문, 문장부호

수량사

양사

중국어에서 양사量词는 명사의 앞에 쓰이는 명량사와 동사의 뒤에 쓰이는 동량사, 2가지가 있다.

특허서류를 번역할 때 특별히 주의할 것은 명량사 중의 개체양사이다. 개체양사个体量词는 개별 사물에 사용되는 양사로서, 중국어에서 일반적으로 사물의 개체를 나타내는 명사마다 특정된 양사와 결합하여 사용된다.

중국어의 개체양사는 백여 개가 있는데 특허서류 중 가장 많이 나타나는 양사로는 个, 种, 只, 件, 具, 根, 条, 面, 片, 张, 颗, 块, 份, 把, 部, 台, 座, 辆, 架 등이 있다.

그중에서도 种 과 个는 출현 빈도가 가장 높은 양사로서 한글 특허서류를 번역할 때 그 쓰임새를 잘 파악하여 정확하게 번역할 필요가 있다.

—— 个

个는 사용범위가 가장 넓은 개체양사로서 많은 명사 앞에 쓰여 수량을 나타내거나 한정할 수 있다. 일반적으로 하나의 명사에 통상 하나의 개체양사를 선택하여 사용한다. 예를 들어, 汽车자동차는 辆량, 飞机비행기는 架가와 결합하여 사용한다.

이러한 단어의 번역은 비교적 간단하지만 번역자에게 비교적 높은 중국어 기초지식을 요구한다. 또한 일부 명사는 다수의 양사와 결합하여 사용되기도 하는데 양사가 다름으로 인해 가리키는 사물도 달라지는 경우가 있다. 예를 들어, '船선'은 양사 只와 艘를 모두 취할 수 있는데 전자의 경우 소형선을 가리키고 후자는 대형선을 가리킨다. 따라서 양사의 선택에 따라 청구범위의 보호범위에 영향을 미칠 가능성이 있다.

한·중 특허서류의 번역에서 자주 보이는 2가지 극단적인 상황이 있다.

첫째는 양사의 선택 오류를 피하기 위하여 최대한 양사를 번역하지 않고 일괄 '一+명사'의 형식을 취하는 것이고, 둘째는 중국어의 습관에 따라 적당한 양사를 선택하지 않고 모든 명사의 양사를 '个'로 단일화하는 것이다.

특허서류를 번역할 때는 양사를 신중하게 선택하는 것이 중요하다. 하지만 신중에서 한걸음 더 나아가 모든 명사에 양사를 사용하지 않고 '一数值', '一温度', '一二元一次方程' 등과 같이 '一+명사'로 번역하게 되면 의미가 모호해지는 등의 문제가 초래될 수 있다.

예를 들어, '一二元一次方程'으로 번역하면 '하나의 二元一次方程'인지 아니면 '一元一次方程 또는 二元一次方程'인지 의미가 불분명해진다. 중국어에서 두 개의 인접한 수사가 함께 쓰일 때, 특히 작은 숫자가 앞에 있고 큰 숫자가 뒤에 올 경우(예를 들어, '一二次', '四五个'), 두 숫자 사이는 일반적으로 '~에서~' 혹은 '또는'의 관계이기 때문이다. 또한 기술용어 중에는 '2주소코드二地址码', '삼상교류三相交流电' 등 숫자로 시작되는 명사가 적지 않다.

번역 시 이러한 명사가 나타난 경우 앞의 양사를 정확하게 선택하여 오해를 불러일으키지 않도록 주의를 기울여야 한다.

예문

본 발명은 2행정 엔진 중에서 간단하고 신뢰 가능한 결화 검사장치를 제공하였다.

번역문 1

本发明在一二冲程内燃机中提供了简单可靠的缺火检测装置。

번역문 2

本发明在一种二冲程内燃机中提供了简单可靠的缺火检测装置。

위 예문에서 한글 '2행정 엔진'은 하나의 전문용어로, 이에 대응되는 중문

용어는 '二冲程内燃机'이다. 번역문 1 에서는 '二冲程内燃机' 앞에 양사의 수식 없이 바로 수사 '一'이 위치하면서 수사와 전문용어의 경계가 모호해져 자칫하면 '一二冲程内燃机'가 하나의 전문용어로 잘못 인식되거나 또는 '一二'이 '한두 개'를 나타내는 어림수로 잘못 해석될 여지가 있다.

따라서 전문용어가 숫자로 시작되는 경우, 수사와 전문용어 사이에 양사를 추가하여야 정확한 번역이 될 수 있다. 여기에서 '一种' 대신 '一个'로 번역하여도 무방하다.

특허서류에서 더욱 많이 보이는 경우는 모든 양사를 '个'로 표현하는 것이다. 〈현대한어빈도사전現代汉语频率词典〉에서 사용빈도가 가장 높은 8,000개 글자 중 '个'는 9위를 차지한다. 중국어의 명사 중 '个'로 나타낼 수 없는 명사는 아주 적다. 그렇다고 '个'가 만능인 것은 아니다.

특허서류를 번역할 때는 문맥에 따라 양사를 신중하게 선택해야 한다. 특히 '一量词➕名词명사 1➕名词명사 2'일 경우 무작정 '个'를 사용하면 수사가 수식하는 명사가 불명확하여 의미가 모호해질 수 있다.

예문

하나의 작동상태 하의 온도를 특정할 경우에…

번역문 1

…测量一个工况下的温度

...測量一种工况下的温度

중국어의 '一个'는 '工况' 또는 '溫度'를 모두 수식할 수 있다. 한글 예문에서 '하나의'는 '작동상태'를 수식하는 의미로 사용되었으므로 번역문 1 과 같이 '一个'로 번역할 경우 '하나의 작동상태' 또는 '하나의 온도' 2가지의 의미가 나타난다. 반대로 번역문 1 에서와 같이 '一种'은 '工况'은 수식할 수 있지만 '溫度'는 수식할 수 없다.

따라서 '一个'를 '一种'으로 바꾸면 '一种'이 수식할 수 있는 명사는 '工况'만 가능하기 때문에 의미모호성이 해소된다. 즉, '···測量一种工况下的温度'로 번역하는 것이 바람직하다.

─── 种

种은 중국 특허서류에서 많이 나타나는 개체양사로서 내부적으로 동일한 하나의 그룹으로서 구별되는 사물에 사용된다. 일반적인 용법 이외에 이번 장에서는 요약서와 청구범위에서 많이 나타나는 种의 특별한 쓰임새에 대해 살펴보도록 하자.

[요약서]

제어장치는…,

[청구범위]

…제어 장치.

상기 문장은 통상 중문 특허서류의 요약서의 첫 행에서 '(提供了) 一种控制裝置,'로 번역되고, 청구범위에서는 '一种控制裝置,'로 번역된다. 주의할 점은 여기에 원문에 없던 '一种'이 추가 번역되는데 이는 중국어 특허서류를 작성할 때의 관례이기도 하다. '一种'이 번역되지 않아도 뜻을 전달하는데는 지장이 없지만 '一种控制裝置'에 있어서 '一种'은 선행기술의 '控制裝置'와 다른 '控制裝置'가 있다는 것을 나타내기 위한 첨가라고 볼 수 있다. 즉, "제공되는 본 발명이 다음과 같은 특징을 구비한 '제어장치'이다."라는 의미로 통할 수 있다.

이와 같이 '一种'의 수식을 받은 '控制裝置'는 그 뒤에 오는 '控制裝置'의 특징과 호응하게 된다. 따라서 이때의 '一种'은 양사의 역할보다는 오히려 특별 지칭의 의미를 나타낸다고 봐도 무방하다.

특히 청구범위의 특성에서 볼 때 이론적으로나 중국어의 표현에 있어서도 '一种'을 첨가할 필요성이 있다. 즉, '一种' 용법의 특례에 속한다고 간주할 수 있다.

특별히 주의할 점은 특허서류에서 '一个', '一种' 또는 '该'는 특별히 문맥상 언급한 경우를 제외하고는 '복수' 형식을 나타낸다는 점이다. 이는 그저 특허의 구체적 실시방식을 서술하기 위한 것이다. 특허의 보호범위를 한정하는 것을 방지하기 위해 영미권 특허서류에서 사용하는 '여기에서 사용하는 용어는 구체적 실시방식을 서술하기 위한 목적이지 한정을 의미하는 것이 아니다'라는 식의 선언적 문구는 아니다.

예를 들어, 본 발명에서 사용되는 단수형식 '一个', '一种', '该 the'의 경우, '복수형식을 포함하는 의미로 사용된다'라는 문구가 명세서 중 발명을 실시하기 위한 구체적인 내용에 자주 등장한다.

—— 양사의 위치

중국어의 양사 중 명량사는 명사의 앞에 위치하고, 동량사는 동사 뒤에 위치하는 것이 일반적이다.

명량사의 경우 뒤에 오는 명사를 직접 수식한다. 만약 그 명사에 수식어가 있을 경우, 그 수식어는 명량사의 앞이나 뒤에 올 수 있다. 즉, '수식어 ➕ 명량사 ➕ 명사' 또는 '명량사 ➕ 수식어 ➕ 명사'와 같다. 이때 일반적으로 수식어가 명량사의 앞에 있든 뒤에 있든, 위치와 관계없이 의미상 동일하다.

가공경로에 따라 부품을 전기적으로 연결하는 <u>다수의</u> 연결장치…

<u>多个</u>沿着加工通道电连接部件的连接装置…

沿着加工通道电连接部件的<u>多个</u>连接装置…

위의 예문에서 '多个'는 '连接装置'를 수식하는 수량사이고, '沿着加工通道电连接部件的'는 '连接装置'를 수식해 주는 수식어이다. 위의 한글 예문일 경우에는 또는 와 같이 수량사 '多个'가 수식어 '沿着加工通道电连接部件的'의 앞 또는 뒤에 위치할 때 문장의 의미는 변하지 않고 동일하다. 하지만 아래와 같은 경우에는 그 위치에 따라 의미가 달라진다.

<u>다수의</u> 가공경로에 따라 부품을 전기적으로 연결하는 연결장치…

<u>多个</u>沿着加工通道电连接部件的连接装置…

沿着<u>多个</u>加工通道电连接部件的连接装置…

위의 예문에서 한글 원문에서 '다수의'는 문맥상 '가공경로' 또는 '연결장치'를 수식할 수도 있어 의미가 불명확하다. `번역문 1`은 원문의 문장 순서대로 직역한 것으로 의미상 '多个'는 '连接装置'를 수식한 의미로 통하는 반면, `번역문 2`에서의 '多个'는 '加工通道'를 수식한 것으로 해석된다. 이런 경우에는 한글 원문에서 도표와 결부시키거나 또는 기술방안의 의미를 정확히 이해한 뒤 중문으로 번역할 필요가 있다.

배수

특허서류 중 자주 사용되는 배수 표현 및 중문 번역에서 주의할 점을 살펴보도록 한다.

—— 퍼센트 및 퍼센트포인트

퍼센트(%)와 퍼센트포인트(%p)는 통계 또는 실험 결과를 인용하여 각종 수치의 변화를 나타낼 때 자주 사용된다. 그러나 퍼센트와 퍼센트포인트는 간단한 개념인데도 불구하고 번역 시 자주 혼동되며, 퍼센트포인트를 퍼센트로 잘못 이해하고 번역하는 경우가 잦다.

퍼센트는 백분비 또는 백분율이라고도 하는데 전체의 수량을 100으로 하여 해당 수량이 그중 몇이 되는가를 가리키는 수로 나타내는 것이고, 퍼센트 포인트는 백분율 중 1%에 해당되는 양사로서 백분율의 증감 변동의 차를 분석할 때 사용되는 표현방식이다.

'~퍼센트'에 대응되는 중문 번역은 '~%' 또는 '百分之~'이고, '~퍼센트포인트'에 대응되는 중문 번역은 '~个百分点'이다.

—— 배수의 증가와 감소

한글에서 배수의 증가를 표현하는 방식으로 '~배 증가하였다' 또는 '~배로 증가하였다', '~배가 되었다'가 있다. 예를 들어, '2배 증가하였다'는 '증가한 수량이 '2배'라는 뜻이고, '2배로 증가하였다'와 '2배가 되었다'는 동일한 의미로 기존 수치에서 1배 증가하여 '2배로 되었다'라는 뜻이다.

중국어로 표현하면 다음과 같다.

예문1

…세균의 수치가 100에서 300으로, 즉, 2배 증가하였다.

번역문

…细菌数量由100增加到300, 即增加了两倍。

…세균 수치가 100에서 200으로, 즉, 2배로 증가하였다.

번역문

…細菌数量由100到200, 即增加至两倍。

위의 예문과 같이 '2배 증가하였다'에 대응되는 중문 표현은 '增加了兩倍'이고, '2배로 증가하였다'에 대응되는 중문 표현은 '增加至(또는 增加到)兩倍'이다. 자칫하면 미세한 부분에서 큰 차이가 날 수 있는 부분이므로 번역 시 원문을 주의깊게 살펴보고 정확한 표현으로 번역한다.

배수 감소의 경우를 보면 배수의 증가와 비슷한 면도 있지만 다른 부분도 있다. 예를 들어, '오차율이 6%에서 2%로 감소하였다'를 배수 감소 방식으로 표현하면 '오차율이 3배로 감소하였다', '오차율이 2/3 감소하였다', '오차율이 1/3로 감소되었다' 등이 된다. 중국어로 직역하면 각각 '误差率减少至3倍'와 '误差率减少了2/3', '误差率减少至1/3'이다. 이 같은 중국어의 3가지 번역은 모두 의미상 동일하다. 다만 주의할 점은 배수 감소를 표현할 때 '몇 배 감소하였다'라는 표현보다는 '몇 분의 몇 감소하였다' 또는 '몇 분의 몇으로 감소되었다'라고 표현하는 편이 중국어 사용자들의 습관에 더 적합하다는 것이다. 즉, '减少了2/3' 또는 '减少至1/3'로 번역하는 것이 바람직하다.

어림수

특허서류 중 일부 범위를 나태낼 때 사용되는 표현이 있다. 예를 들어, '~이상', '~ 이하', '~ 이내', '~ 이전', '초과', '미만' 등이 그것이다. 대응되는 중국어 표현은 각각 '~以上', '~以下', '~以内', '~以前', '超过(또는 '大于')', '未满(또는 '小于')'이다.

우선 한글에서 '~ 이상'의 뜻을 살펴보면 수량이나 정도가 일정한 기준보다 더 많거나 높다는 뜻으로, 기준이 수량으로 제시될 경우에는 그 수량이 범위에 포함되면서 그 위인 경우를 가리킨다. 마찬가지로 '~ 이하', '~ 이내', '~ 이전'도 기준이 수량으로 제시될 경우, 그 수량이 범위에 포함되는 것으로 해석된다.

이와 반대로 '초과', '미만'의 경우 그 수량이 범위에 포함되지 않는다.

〈특허심사지침서〉 제2부분 제2장 3.3절의 '청구항의 작성규정'에서는 다음과 같이 규정하고 있다.

 〈특허심사지침서〉 '청구항의 작성규정'

通常, '大于'、'小于'、'超过' 等理解为不包括本数;'以上'、'以下'、'以内' 等理解为包括本数。

통상 '~보다 크다', '~보다 작다', '초과하다' 등은 그 수를 포함하지 않은 것으로 이해되고, '이상', '이하', '이내' 등은 그 수를 포함하는 것으로 이해된다.

위의 비교로 알 수 있듯이 한글과 중문에서 '~ 이상', '~ 이하', '~ 이내', '초과', '미만'의 용법과 이에 대응되는 '~以上', '~以下', '~以内', '超过(또는 '大于')', '未满(또는 '小于')'의 표시 범위는 동일하다. 따라서 한글 특허서류를 번역할 때 위의 대응관계에 따라 번역하면 어림수 번역 시 쉽게 발생하는 오류를 줄일 수 있다.

다만 '초과', '미만'으로 수치를 표시할 때는 중국어 습관상 '超过', '未满'보다는 '大于/多于/长于/高于', '小于/少于/短于/低于'라는 표현을 더욱 선호한다.

앞서 제2장 '실질적 요구' 부분에서 언급한 바와 같이 청구항 작성 시에는 뜻이 명확하게 보호범위를 한정해야 한다. '약 ~', '대략 ~', '~ 정도', '~ 가량'은 수량을 나타내는 수량사구 앞 또는 뒤에 위치하여 그 수치에 근접한 개략적인 수량을 나타낸다. 중국어로 '约~', '大约~', '~左右' 등으로 번역되고 개략적인 수치 범위를 나타내기 때문에 특허명세서의 위치에 따라 쓰임새가 달라진다.

구체적으로 알아보자. '약 3도'와 같이 하나의 수치를 표시하는 수량사구 앞에 사용되었을 경우, 청구항을 포함한 특허문서의 모든 부분에서 사용 가능하다.

그렇다면 '약 3~5도'와 같이 일정한 수치범위를 표시하는 수량사구를 한정할 경우는 어떨까? 청구항을 제외한 특허문서의 다른 부분에서는 사용 가능하다. 그러나 청구항에서 이 같은 표현이 나타나면 보호하고자 하는 권리범위의 불확실성을 초래하기 쉬우므로, 실무에서는 청구항에 '약 3~5도', '10~35mm 정도' 같은 표현을 사용하지 않는 것이 좋다. 다만 청구범위를 뒷받침해 주는 '발명의 내용' 및 '발명을 실시하기 위한 구체적인 내용' 부분에서는 오히려 '약 3~5도', '10~35mm 정도'와 같은 표현을 적극 사용할 것을 권장한다.

접속사

'~와/과', '및'

한글 문장에서 '와/과'는 2가지 의미를 가지는 조사이다. 우선 명사와 명사를 같은 자격으로 이어주는 접속조사일 경우, 중문의 접속사 '和', '与' 및 '及', '以及'와 문장부호 '、'모점, 顿号과 대응된다. 또한 다른 것과 비교하거나 기준으로 삼는 대상임을 나타내는 격조사, 또는 상대로 하는 대상임을 나태내는 격조사일 경우, 중국어의 개사介词인 '和', '与', '跟', '同'과 대응된다.

'및'은 명사 또는 동사 등 같은 종류의 성분을 연결할 때 사용되는 접속부사이다. '및'에 대응되는 중문 표현에는 대표적으로 '及', '以及', '和', '与'가 있다.

—— 접속조사 '~와/과'

접속조사 '~와/과'에 대응되는 중문 병렬식 표현에는 '和', '与' 및 '及', '以及', ','이 있다. 명확성과 정확성을 필요로 하는 특허서류에서 의미모호성을 줄이기 위해서는 단어 선택이 아주 중요하다.

'~와/과'가 문장에서 병렬 또는 열거를 나타낼 때는 일반적으로 '和' 또는 ','이 사용된다.

예문 1

굴곡변1과 굴곡변2 중 적어도 하나는 계단형으로서 적어도 하나의 꺾인 부분을 포함할 수도 있다.

번역문

弯曲边1和弯曲边2中的至少一个可以是阶梯形状并且可包括至少一个弯曲部分。

위의 예문과 같이 '~과'의 병렬적 의미가 확실한 경우, 중문 번역문에서 '和'를 사용하면 된다. 그러나 아래 예문과 같이 2개 이상의 '~과'가 나타난 경우에는 병렬의 의미를 더 확실하게 나타나기 위해서는 병렬의미의 '~과'를 번역 시 '和' 대신 '以及' 또는 '及'를 사용할 수 있다.

본 실시형태에서는 제1단자와 제2 단자가 저항 보호층과 접하는 영역이 오목한 곡선의 형태로 형성되었다.

在本实施形态中, 第一端子和第二端子与电阻保护层接触的区域形成为凹陷的曲线形态。

在本实施形态中, 第一端子及第二端子与电阻保护层接触的区域形成为凹陷的曲线形态。

위의 예문에서 한글 원문의 뜻은 '제1단자와 제2단자가 저항 보호층과 접하는 영역…'이라는 것이다. 그러나 '~와' 자체의 접속조사 및 격조사의 2가지 기능으로 인하여 한글 원문은 '제1단자와 제2단자가 저항보호층과 접하는 영역…'이라는 뜻으로도 해석될 가능성이 있다. 번역문 1 과 같이 '第一端子'와 '第二端子' 사이의 병렬접속사를 '和'로 번역하면 원문의 모호한 의미가 그대로 남게 된다.

이런 경우에는 번역문 2 와 같이 접속사 및 개사 용법이 모두 가능한 '和' 대신 단순 병렬접속의 의미만 가지는 '及'로 바꾸어 번역하면 의미모호성이 해결되어 정확한 번역문이 된다.

한중 특허서류 번역 실무 경험 상, 중국어에서 병렬 의미의 접속사를 큰 의미 순서대로 나열하면 '以及/及, 和, 与'로 볼 수 있다. '与'는 병렬의미가 가장 약하기 때문에 특허서류의 번역에서 병렬의미를 나타낼 때는 가급적 사용하지 않는 것이 좋다.

—— 격조사 '~와/과'

앞서 언급했듯이 '~와/과'는 접속조사 이외에 격조사의 용법도 있다. 이에 대응되는 중문 표현은 '与', '和', '跟', '同'이다. '和', '与', '跟', '同'도 '~와/과'와 마찬가지로 접속사와 개사의 2가지 용법이 있다.

특허서류 번역 시 가장 많이 사용하는 중문 개사 표현으로는 '与'와 '和'를 들 수 있지만, 이 두 단어 중에서도 '与'가 압도적으로 많이 사용된다. '与'는 문어체의 특성이 강하여 특히 전문성을 요하는 과학기술분야에서 대표적인 개사로 쓰이며, 의미모호성을 효과적으로 차단할 수 있기 때문이다.

'和'는 '与'보다 병렬 접속사의 성격이 더욱 강하다. 반면 '跟', '同'은 병렬 접속사 성격보다는 개사로 사용되는 경우가 많지만 '跟'은 구어체에 더 가까워 특허서류에서는 잘 쓰이지 않고, '同'은 구어체보다 문어체에 더 가깝다고 하지만 '与'보다는 특허서류에 나타나는 빈도가 훨씬 낮다.

따라서 '~와/과'에 대응되는 중문 개사를 선택할 때, 선호도를 높은 순서대로 배열하면 '与/同/跟/和'와 같다. 다만 이는 저자의 실무경험에서 나온 것일 뿐 절대적인 기준은 아니다. 구조가 복잡한 문장을 번역할 때 참고로 알아두면 도움이 될 것이다.

—— '및'

한글의 접속부사 '및'에 대응하는 중문 표현으로는 '以及', '及'가 있다. '및'이 단어와 단어, 문장과 문장 등 같은 종류의 성분을 연결해 주는 쓰임새와 같이 '以及', '及'도 중국어에서 단어 또는 문장 사이를 연결해 주는 역할을 한다.

'以及', '及'는 항상 병렬을 표시하여 이러한 확실성 때문에 확실한 병렬관계를 나타낼 때 자주 쓰인다. 특히 특허서류와 같이 정확성과 명료함이 요구되는 경우에 많이 사용된다.

번역 시 '以及'와 '及'의 선택에 대하여 간단히 언급하자면, 단어 사이를 연결할 때는 비슷한 빈도로 사용되고, 절 또는 문장 사이를 연결할 때는 '及'보다 '以及'를 더 많이 사용한다. 참고로, 청구항 작성 시 하나의 청구항에서 문장과 문장을 이어 줄 때 '및'은 '以及'로 번역하는 것이 일반적이다.

청구항2에 있어서,

매니폴드; 및

상기 매니폴드와 액화가스 라인을 연결하는 크로스오버 라인;을 더 포함하

는, 액화가스 공급 시스템.

根据权利要求2所述的液化气体供应系统, 其中,

进一步包括:

歧管; 以及

交叉管线, 用于连接所述歧管和液化气体管线.

한편, 위와 같이 종속항 예문에서 전이부가 ';을 더 포함하는~'으로 끝나

는 경우, 중문 종속항에서는 인용부 뒤, 한정부 앞에 '其中' 또는 '其特征在于'

라는 표현을 별도로 추가하여 번역하는 것이 바람직하다.

접속부사 '또는', '또한', '한편', '이에 따라', '따라서'

한글 특허서류에서 절이나 문장 사이를 연결해 주는 접속부사로는 '또는', '또한', '한편', '이에 따라', '따라서'가 자주 사용된다. 이러한 접속부사는 경우에 따라 번역되거나 번역되지 않을 때도 있다.

한글의 접속부사 '또는', '또한', '한편'에 대응하는 중문 표현으로는 각각 '或/或者/此外/另外', '而且/并且/此外/另外', '此外/另外/另一方面'이 있다.

예문 1

(1) 절 연결 시:

추가 기능층은 제어장치의 특성을 향상 <u>또는</u> 보완시키는 역할을 할 수 있다.

(2) 문단 연결 시:

… <u>또는</u>, 도 1b에 도시된 것과 같이, 제어장치는 추가 기능층을 더 포함하는 방열 부재를 포함할 수 있다.

번역문

(1) 절 연결 시:

附加功能层可改善<u>或</u>补充控制设备的特性。

(2) 문단 연결 시:

… <u>此外</u>, 如图1所示, 控制设备还可包括进一步包括附加功能层的散热构件。

예문 1 에서 '또는'은 절과 절 사이를 연결할 때 '혹은'의 뜻으로 '或/或者'로 번역되고, 문단과 문단 사이를 연결 시에는 '앞의 내용과 다른' 의미로 쓰여 '此外'로 번역된다.

예문 2

(1) 문장 연결 시:

…을 가질 수 있다. <u>또한</u>, 제어장치는 방열 부재를 통해 별도의 방전층이 생략될 수 있어 공정이 단순화되고 비용이 절감될 수 있다.

(2) 문단 연결 시:

…<u>또한</u>, 프레임 부재는 방열 부재의 외측 라인으로부터 소정 간격 이격되어 배치될 수 있다.

번역문

(1) 문장 연결 시:

可以具有…, <u>而且</u>, 控制设备可通过散热构件省略静电放电层, 因此可简化制造过程并且可减少制造成本。

(2) 문단 연결 시:

… <u>此外</u>, 框架构件可设置成与散热构件的外部线间隔开一定距离。

예문 2 에서 문장 사이를 연결 시 '또한'은 '그 위에 더'라는 뜻으로 사용되었으므로 '而且/并且'라는 접속사로 번역하는 것이 적절하고, 문단 연결 시에는 '앞의 것과 다른 측면'이라는 뜻으로 '此外'로 번역하는 것이 바람직하다.

(1) 문장 연결 시:

…를 포함할 수 있다. 한편, 도시되지 않았으나, 제어장치는 발열 부재 중 하나인 구동 회로가 더 배치될 수도 있다.

(2) 문단 연결 시:

…한편, 방열 부재는 제3점착층을 더 포함할 수 있다.

(1) 문장 연결 시:

可包括…。此外, 虽然附图中未示出, 但是控制设备还可包括作为产热构件的驱动电路。

(2) 문단 연결 시:

… 另外, 散热构建还可包括第三粘合层。

예문 3 에서 '한편'은 문장 사이를 연결하거나 문단 사이를 연결하는 경우에 모두 '앞에서 말한 측면과 다른 측면을 말할 때'의 뜻으로 쓰이기 때문에 '此外' 또는 '另外'로 번역하면 된다.

따라서 앞뒤 문맥에 따라 '또는', '또한', '한편'의 의미가 조금씩 달라진다. 그러나 특허서류에서 문단과 문단을 이어줄 때 '또는', '또한'의 뜻은 '한편'의 뜻과 비슷하게 통한다. 즉, '한편'이 가지는 '어떤 일에 대하여 앞에서 말한 측면과 다른 측면을 말한다'와 같은 의미로 볼 수 있기에, 실무에서는 모두 '此外/另外'로 번역하는 것이 일반적이다.

마지막으로, 특허 번역 실무 중 간혹 '또는', '또한', '한편' 등 유사한 의미의 접속부사를 '同时' 또는 '与此同时'라고 번역하는 경우가 있다. '同时'와 '与此同时'는 '또한/나아가'라는 의미로도 쓰이지만, 방법 또는 공정 절차를 서술하는 기술방안에 있어서 자칫 잘못하면 시간 순서상의 '동시에'로 이해되기 쉽다. 그러므로 특허서류에서는 가급적 '同时' 또는 '与此同时'라는 번역을 피하는 것이 유리하다.

'이에 따라', '따라서'에 대응되는 중문 접속사는 '因此', '由此', '从而'이며 의미는 동일하다.

관형사 및 대명사

관형사 '상기' 및 '해당'

한글 특허서류에서 가장 많이 나타나는 관형사로는 '상기'와 '해당'이 있다. 그중에서도 '상기'의 출현빈도가 압도적으로 높다. '상기'라는 단어는 '도면설명'을 제외한 '요약서', '청구범위', '발명의 내용', '발명을 실시하기 위한 구체적인 내용' 등 명세서 전반에 걸쳐 나타난다. 명세서의 각 부분에 따라 '상기'의 번역이 달라지므로 각별한 주의가 요구된다.

'상기'라는 단어는 상황에 따라 '所述', '该', '此' 또는 '这个', '那个', '它' 등 지시적 의미의 단어로 번역할 수 있다. 발명을 실시하기 위한 구체적인 내용에서 나타나는 '상기'라는 단어는 때로는 '所述', '该', '此' 또는 '这个', '那个', '它' 등 지시적 의미의 단어로 번역된다. 하지만 일일이 다 번역할 필요는 없고 경우에 따라 번역을 생략할 수도 있다.

본 발명의 일 실시예에 있어서, 상기 제1전극은 상기 제1회로부에 인접하게 배치된 상기 제2회로부의 일부와 중첩될 수 있다.

번역문 1

根据本发明的一实施例, 所述第一电极可以与靠近第一电路设置的第二电路的一部分叠置。

번역문 2

根据本发明的一实施例, 所述第一电极可以与靠近第一电路设置的第二电路的一部分叠置。

예문 2

상기 소자로 전류가 흐를 수 있도록 상기 제1 전원은 상기 제2전원보다 높은 전압으로 설정될 수 있다.

번역문 1

所述第一电源可以设定为比所述第二电源的电压高的电压, 使得电流可以流过所述元件。

번역문 2

所述第一电源可以设定为比所述第二电源的电压高的电压, 使得电流可以流过所述元件。

위의 예문 1 과 예문 2 는 각각 '발명의 내용'과 '발명을 실시하기 위한 구체적인 내용'에서 나타난 '상기'의 사용 예이다. **번역문 1** 은 '상기'가 '所述'로 번역된 예시이고, **번역문 2** 는 '所述'의 번역을 생략한 예시이다. 두 번역문의 비교에서 알 수 있듯이 '所述'의 번역이 생략되어도 전체 문장의 의미 전달에 영향이 없으며 의미가 모호해지지도 않는다.

'발명을 실시하기 위한 구체적인 내용'에서 나타나는 '상기'는 지칭하는 대상이 명확한 경우 번역하지 않고 생략하는 것이 가능하다. 명세서의 실시예 부분에 도면이 있다면, 명세서에서 기술특징을 서술할 때 통상적으로 부품이나 구성부분의 명칭 뒤에는 도면에서 부여한 도면부호가 따르기 때문이다.

예를 들어, '표시패널(PP)'을 한정하는 의미로 '상기 표시패널(PP)'이라고 썼을 경우, 굳이 '所述显示面板PP' 또는 '该显示面板PP'로 번역하지 않고 '显示面板PP'으로 번역하면 된다. 또한 첫 번째로 언급한 요소와 가까이 있다면 의미적으로 완전히 이해할 수 있는 경우에도 '상기'를 번역하지 않아도 된다.

'상기'의 번역을 상대적으로 엄밀하게 따지지 않는 '발명을 실시하기 위한 구체적인 내용' 부분과 달리, 청구범위는 기술문서인 동시에 권리범위를 확인하는 법률문서이기도 하다. 따라서 청구항에서 나타나는 '상기'는 단 하나의 누락도 없어야 하며 '所述'로 번역하는 것이 가장 정확하다.

청구항에서는 '상기'의 번역을 누락하지 않도록 신경을 써야 하는 한편, '상기'로 앞선 기타 청구항의 용어를 인용하거나 동일한 청구항의 앞의 용어를 인용할 때 용어의 일치성에도 신경 써야 한다. 예를 들어, 동일한 청구항에서 앞 문단에서 언급된 '多个液化气体储存罐'을 인용하고자 할 때, '所述多个液化气体储存罐'으로 인용하면 문제없지만, '多个所述液化气体储存罐'으로 인용하면 '所述' 뒤에 인용된 표현이 달라지므로 상황에 따라 보호범위가 불명확해질 수 있다. 즉, '所述多个液化气体储存罐'의 의미가 명확할 경우, 당업자는 동일한 청구항 중에서 '多个液化气体储存罐'과 '多个所述液化气体储存罐'의 의미가 일치하지 않다고 질문할 수 있고, 이로써 해당 청구항의 보호범위의 불명확성이 초래될 가능성이 있다.

'발명의 내용' 부분은 청구항과 대부분 대응하는 내용이고 중첩되는 경우가 많아 경우에 따라 원문에 충실하게 '상기'를 '该' 또는 '所述'로 번역해 주는 것이 바람직하다.

'요약서' 부분도 '발명의 내용' 부분과 동일하게 '상기'를 '该' 또는 '所述'로 적당히 살려서 번역할 것을 권장한다.

다른 관형사 '해당'에 대응되는 중문 표현에는 '该/其'가 있다. 특허명세서의 각 부분에 따라 달라지는 '상기'의 번역과는 달리 '해당'의 번역은 비교적 일관적이므로 '该' 또는 '其'로 번역하면 된다.

대명사

관련된 대상이 많아서 의미가 모호해지거나 또는 오독되는 것을 피하기 위하여 특허서류에서는 일반적으로 대명사를 사용하지 않고 명사를 중복해서 사용하는 형식을 취한다. 한글 특허서류의 경우, 대명사가 아주 제한적으로 사용되는 특징을 가진다. '그', '어느' 등의 대명사가 가끔 사용되는데, 이에 대응되는 중국어 표현으로는 각각 '其', '哪/任意/任何'가 있다.

일반적인 문체의 문서를 번역할 때는 해당 대명사를 대응되는 중국어로 번역하면 되지만, 특허서류일 경우에는 내용의 명료성과 문장의 가독성을 위하여 원문의 기술내용을 충분히 이해한 뒤 구체적인 명사로 대명사를 대체 번역하는 것이 더 바람직하다.

아래 중문 특허서류의 명세서 작성 예를 통하여 그 이유를 알아보자.

중문 청구항

一种用于使胶水快速干燥和再生的机器, 它包括至少一个垂直的可动壳罩, 它可交替运动, 其特征为: 它包括至少一个由台板构成的连续传送皮带, 台板设有连续的周边边缘, 它限定一个中心支承台面...

접착제의 쾌속 건조 및 재생을 위한 기계, 그는 적어도 하나의 수직된 가동커버가 포함되고, 그는 교체적으로 운동 가능하며, 그 특징은: 그는 적어도 하나의 조작판으로 구성된 연속전송벨트를 포함하고, 조작판에는 연속된 주변가장자리가 있으며, 그는 중심지지판을 한정하며…

위의 중문 청구항 예문을 보면 대명사 '它'가 4번 사용되었는데, '它'의 앞에 다수의 부품이 있는 경우 '它'가 가리키는 대상을 정확하게 판단하기 어렵다. 이런 청구항에 대해서 특허심사원 또는 전문가는 해당 특허 기술방안의 내용 및 중국어의 표현 습관에 따라 대명사 '它'가 가리키는 부품을 추측할 수밖에 없다.

만일 당업자가 대명사 '它'에 대한 해석에서 의미적 모호성을 느낄 경우, 청구범위의 내용과 범위를 제대로 이해하지 못할 수 있다.

추측으로 미루어 보면 첫 번째 '它'는 '胶水干燥和再生机器접착제 건조와 재생 기계'를, 두 번째 '它'는 '壳罩커버'를, 세 번째 '它'는 '胶水干燥和再生机器접착제 건조와 재생 기계'를, 네 번째 '它'는 '台板조작판'을 가리킬 수 있다. 청구범위에서 '它'는 각각 3가지 물품을 대표하였으나 이러한 추측은 정확할 수도 있고 틀린 것일 수도 있다. 따라서 이런 청구항의 권리안정성은 낮을 수밖에 없다.

[바람직한 청구항]

一种用于使胶水快速干燥和再生的机器, 所述胶水快速干燥和再生的机器包括至少一个垂直的可动壳罩, 所述可动壳罩可交替运动, 其特征为: 所述胶水快速干燥和再生的机器包括至少一个由台板构成的连续传送皮带, 台板设有连续的周边边缘, 所述台板限定一个中心支承台面...

위의 바람직한 청구항은 대명사가 무엇을 지시하는 것인지 불확실한 점을 극복하기 위해 '它'를 구체적인 명사로 바꾸어 수정한 것이다. 기존의 청구항보다 한층 명료해진 것을 확인할 수 있다.

대명사는 신중하게 사용해야 한다. 이는 청구항 작성뿐만 아니라 한글 청구항을 중문으로 번역할 때에도 해당되는 점으로, 각별한 주의를 필요로 한다.

'해당', '그'와 달리 대명사 '어느'의 번역은 다소 유연성이 있다. 번역할 때 앞뒤 문맥에 따라 '哪/任意/任何' 중의 하나로 번역하거나, 문맥에 따라 생략할 수도 있다. 다음 예문을 통하여 살펴보자.

각 화소(PXL)는 적색, 녹색, 및 청색 중 어느 하나의 색을 출사할 수 있으나, 이에 한정되는 것은 아니다.

每个像素PXL可以发射具有红色、绿色和蓝色之中的任意一种颜色的光，但其不限于此。

또한, 상기 제1 도전 라인들 및 상기 제2 도전 라인들 중 어느 일 지점에서 라인이 단선되더라도, 상기 초기화 전원 라인은 인접하는 소자에 상기 초기화 전원을 인가할 수 있다.

另外，即使所述第一导电线和所述第二导电线线在任何一个点处短路，初始化电力线也可以将初始化电源施加到相邻的元件。

구동부는 주변 영역의 세로부 중 어느 한 쪽에 배치될 수 있다.

驱动器可以设置在外围区域的竖直部分中的任意一侧。

본 발명의 일 실시예에 있어서, 상기 주변영역의 상기 세로부 쌍 중 어느 한 쪽에만 형성된 것을 일 예로써 도시하였다.

在示例性实施例中, 已经示出了仅形成在外围区域的竖直部分的一侧中的示例。

이상 예문 1~4를 통하여 특허서류에서 '어느'가 문맥에 따라 어떻게 번역되는지 살펴보았다. 예문 1 과 예문 2 에서 '어느'는 '둘 이상의 것 가운데 꼭 집어 말하지 않고 막연한'이란 뜻으로, 각각 '任意'와 '任何'로 번역되었다. 예문 3 과 예문 4 에서 '어느'는 중문 번역문에서 비록 생략되었으나, 전체 문장의 의미 전달에 영향을 주지 않는다. 따라서 한국어 원문의 의미를 정확히 살리면서 앞뒤 문맥에 따라 중국어 표현에 적합한 방식으로 유연하게 번역할 수 있다.

방위사

특허서류에서 각 발명 대상의 구성부분 사이의 위치, 구조 관계를 설명할 때 위치나 공간을 표시하는 단어가 자주 쓰인다. 한글 특허서류에서 위치나 공간을 표시하는 방식으로는 크게 2가지가 있다.

첫째는 '상/위, 하/아래, 좌, 우, 전, 후, 상부, 하부, 상단, 하단, 전단, 후단, 좌측, 우측' 등 방향을 나타내는 단어로 위치나 공간을 표현하는 것으로, 이에 대응하는 중국어는 각각 '上/上方/上面, 下/下方/下面, 左, 右, 前, 后, 上部, 下部, 上端, 下端, 前端, 后端, 左側, 右側'이다.

둘째는 명사 뒤에 처소격조사라고 불리는 '~에/에서'를 붙여서 위치나 공간을 표시하는 방식이다. 처소격조사 '~에/에서'로 표현하는 경우에는 문맥에 따라 다양한 번역이 가능하기 때문에 한글 원문과 중국어 방위사에 대한 이해가 있어야 각 요소의 구성부분의 위치에 대해 정확하게 번역할 수 있다.

방위사의 특징

중국어에서 '上, 下, 左, 右, 上方, 下方' 등 방향과 위치를 나타내는 단어를 방위사方位词라고 한다. 방위사는 명사의 일종으로서 그 앞에 명사 또는 구가 '한정어'로 올 수 있으나, 방위사가 단음절이냐 아니면 2음절이냐에 따라 쓰임새가 다소 다른 양상을 보인다.

첫째, 단음절 '上, 下, 左, 右' 앞에 오는 한정어는 습관상 的(속격조사 '-의'에 해당)를 사용하지 않는다. 예를 들어, '기판 아래에 있는 부품…'을 번역하면 '在基板+下的部件'이 정확한 표현이고, '在基板➕的➕下的部件'처럼 '명사➕的➕단음절 방위사' 또는 '절➕的➕단음절 방위사' 형식으로 사용하지는 않는다.

단음절 방위사와 달리 '上方', '下方' 등 2음절 방위사의 경우, 명사 또는 구가 그 앞에 한정어로 올 때 '的'가 올 수 있다. 예를 들어, '在基板➕的➕下方'처럼 한정어 '基板'과 방위사 '下方' 사이에 '的'가 올 수 있다.

둘째, 단음절 방위사 '上, 下'는 전치개사前置介词, 대표적으로 '在'와의 결합에 대한 요구가 높지 않은 반면, '上面', '下面' 등 2음절 방위사는 전치개사와 조합하여 사용하는 경우가 대부분이다. 즉, '개사➕…➕上'의 조합에서 개사는 경우에 따라 생략해도 의미가 변하지 않으나, '개사➕…➕上面'의 조

합일 경우 개사가 생략되면 비문이 될 가능성이 높다.

셋째, 방위사와 전치개사가 결합하여 구성된 개사이며 '개사❶…❶ 방위사'일 경우, 해당 방위사가 단음절이면 주로 부사어로 사용되고, 해당 방위사가 2음절이면 주로 보어로 사용된다.

예문 1

차폐층은 기판 <u>하부</u>에 배치되고,

번역문

屏蔽层布置<u>在基板(的)下方</u>,

예문 1 에서 '하부'를 2음절 방위사 '下方'이라고 번역하였다. '下方'은 전치개사 '在'과 결합하여 개사구 '在基板的下方'를 구성하였고, 이 개사구는 전체 문장에서 '屏蔽层布置'의 위치를 보충 설명하는 보어로 사용되었다. 또한 일반적인 중국어 사용 습관에 따라 개사구 중 的는 생략해도 의미의 변화가 발생하지 않는다.

예문 2

<u>외부전극층</u>은 <u>내부전극층 위에</u> 금속 물질을 포함하는 도전체로 형성된다.

번역문1

外电极层由内电极<u>层上</u>包括金属材料的导体形成。

屏蔽层由在绝缘层上包括金属材料的导体形成。

예문 2 에서 '위'는 단음절 방위사 '上'으로 번역되었다. 번역문 1 에서는 전치 개사 '在'가 생략되었고, 번역문 2 에서 방위사 '上'은 전치개사 '在'와 호응하고 있다. '在'가 생략되어도 두 번역문의 의미에는 변화가 없으나 방위사는 '在⋯ 방위사' 형태로 사용되는 것이 일반적이라는 사실을 인지해야 한다. 또한 '在 绝缘层上'과 같이 단음절 방위사로 구성된 개사구는 일반적으로 문장의 서 술어 앞에 놓여 서술어를 수식하는 부사어로 많이 쓰인다.

上, 上, 上面, 上方, 上部, 之上

'上', '上面', '上方', '上部', '之上'은 모두 물체 위, 또는 두 물체 중 위에 있는 위치를 가리키는 뜻을 포함하고 있으나 실제 용법에서는 각각 미세한 차이 를 보이기도 한다.

'上'은 물체의 표면에 위치하다의 뜻이 강하다. 물체의 상측 표면뿐만 아니 라 측면 표면, 하측 표면도 포함하나 물체의 내부는 포함하지 않는다.

'上面'은 한 물체의 (위, 아래, 측면 등) 표면과 직접 접촉하는 다른 물체의 위 치, 그리고 한 물체와 간격을 두고(접촉하지 않은 채) 그 위에 위치하는, 이렇게 2가지 의미를 가진다 구체적으로 어떤 의미로 사용되었는지는 문맥에 따라 판단해야 한다. 예를 들어, '절연층이 접지층의 상부에 있다'를 '绝缘层位于接地层的上面'으로 번역하면 '접지층과 직접 접촉하는 표면에 절연층이 위치하다'의 뜻일 수도 있고, '접지층과 간격을 두고 또는 다른 물체를 사이에 두고 절연층이 상부에 위치하다'의 뜻일 수도 있다. 전자의 뜻을 표시할 때는 그 의미를 확실하게 하기 위하여 '上表面'이라는 단어를 사용한다.

예문

절연층은 전극의 윗면과 접촉한다.

번역문 1

绝缘层与电极的上表面接触。

'上方'은 '한 물체와 간격을 두고(접촉하지 않은 채) 그 위에 위치하다'의 의미가 좀 더 강하다. 예를 들어, '절연층이 접지층의 상부에 있다', 즉 '绝缘层位于接地层的上方'일 경우에 '접지층과 간격을 두고 그 위에 절연층이 있다'라는 뜻으로 해석되는 경우가 대부분이다. 즉, '접촉하다'는 뜻도 있지만 그보다는 '두 물체가 간격을 두고 또는 중간에 다른 물체를 두고 위치한다'는 뉘앙스가 더 강하다.

'上部'는 일반적으로 '물체 위에 위치하다'는 뜻으로 '上方'과 어감이 비슷한 면이 많다.

'之上'은 '上面'의 뜻과 어감이 많이 비슷하다. 즉, '직접 물체의 윗부분과 접촉하거나 또는 윗부분과 간격을 두고 위치하다'의 2가지 뜻 모두 있어 위치에 대한 지시범위가 비교적 넓다.

기술성, 법률성이 강한 특징으로 인해 특허서류을 번역할 때는 가급적 정확하고 의미모호성이 없는 용어를 선택하는 것을 원칙으로 한다. 한편, 특허서류예를 들어, 청구범위는 발명 또는 실용신안이 보호를 요구하는 문서로서, 경우에 따라 보호범위를 넓게 한정하는 것이 출원인에게 유리하다.

따라서 비슷한 의미를 가지는 방위사들 중 선택이 어려울 때는 보다 포함되는 범위가 넓은 단어로 선택하는 것이 바람직하다. 예를 들어, '上面' 또는 '上方' 중 지시범위가 좀 더 넓은 '上面'을 선택하는 것도 하나의 방법이다.

下, 下面, 下方, 下部, 之下

'下'는 조건과 장소를 가리킬 때 사용되는 방위사이지만, '下'가 단독으로 장소를 나타내는 용도에 비해 전치개사 '在'와 결합하여 조건을 가리키는 용도로 더 많이 사용된다.

예문

<u>소자가</u> 배선을 통해 연결선으로부터 신호를 인가받는 경우<u>에</u>,

在<u>元件层通过配线从连接配线接收信号的情况</u><u>下</u>,

중문 특허서류에서 '하/아래'의 장소를 가리키는 단어로는, 단음절 방위사 '下'보다는 2음절 방위사 '下面', '下方', '下部'가 더 많이 사용된다.

접지층은 탄성층의 <u>아래</u>에 위치하며,

接地层位于弹性层的<u>下方</u>,

'下面'은 한 물체의 아랫부분과 접촉하는 다른 물체의 위치, 그리고 간격을 두고(접촉하지 않은 채) 한 물체의 아랫부분에 있는 위치, 이렇게 2가지 의미를 지닌다. 구체적으로 어떤 의미로 사용되었는지는 문맥에 따라 판단해야 한다. 예를 들어, '접지층이 탄성층의 아래에 있다'에 대응하는 '接地层位于弹性层下面'인 경우, '탄성층 아래 이와 접촉하는 접지층이 있다'의 뜻일 수도 있고, '탄성층과 간격을 두고 또는 다른 물체를 사이에 두고 접지층이 그 아래에 있다'의 뜻일 수도 있다. 전자의 뜻일 경우 보다 확실하게 표현하기 위하여 '下表面'이라는 단어를 사용할 수도 있다.

외부전극층은 바디의 <u>밑면</u>과 접촉하는 제1 외부전극층을 포함한다.

外电基层包括与主体的<u>下表面</u>接触的第一外电机层。。

'下方'은 한 물체와 간격을 두고 있는 아래 위치접촉하지 않은 위치를 가리킨다. 예를 들어, '탄성층의 아래' 즉, '弹性层下方'일 경우에는 '탄성층과 사이를 두고(접촉하지 않은 채) 그 아래 위치하다'를 가리킨다.

'下部'는 일반적으로 '물체 아래에 위치하다'라는 뜻으로, '下方'과 어감이 비슷한 면이 많다.

'之下'는 '직접 물체의 아랫부분과 접촉하거나 또는 아랫부분과 간격을 두고 위치하다'의 2가지 뜻 모두를 가지고 있다. 위치를 가리키는 용도로 사용되는 경우 외에, '之下'는 조건을 가리키는 '下'의 용도와 동일하게 전치개사 '在'와 결합하여 조건을 나타낼 때 사용된다.

中, 里, 内, 前, 后

중문 특허서류에서 '中'은 장소 또는 범위를 나타낼 때 주로 사용된다.

유전층은 각 특징들 중 복수 특징을 포함할 수 있다.

介电层可包括各个特性中的多个特性。

위의 예문에서 '중'은 '유사 화소의 각 특징들' 뒤에 오면서 그 범위를 나타낸다. 이와 같이 한글 특성상 위치 또는 범위를 표시할 때 '중' 또는 '내'로 나타내는 방식이 있는 반면, '중'이나 '내'가 생략되어 문맥을 통해서만 그 뜻을 이해할 수 있는 서술방식이 있다. 이런 경우 중문 번역 시에 '中'을 추가 복원해 주면 범위가 확실해지고 가독성이 높아진다.

금속클럽은 로더가 포함하는 복수의 반도체칩들과 전기적으로 연결된다..

金属夹可电连接到装载器中包括的多个半导体芯片。

페이스트에 포함된 솔더 파티클 크기는 $25\mu m$ 이하일 수 있다.

糊中包含的焊料颗粒的尺寸可以为25μm或更小。。

예문 3

···앞에서 설명한 <u>도 1 내지 도 3에</u> 도시한 각각의 특징을 포함할 수도 있다.

번역문

···也可包括<u>图1至图3</u>中所示的各个特性。

위의 예문 1~3은 한글 특허서류에 '중' 또는 '내'가 생략되었지만 중문 번역 시 '中'을 추가 번역한 예시이다. 특히 예문 2 와 예문 3 에서 '복수의 유사 화소들의' 및 '도1 내지 도3에서'와 같이 지시하는 대상 범위가 여러 개일 경우 '中'을 추가 번역함으로써 문장의 이해도와 가독성이 높아졌음을 확인할 수 있다.

중국어 방위사 '里'는 '···의 안'이라는 뜻이다. 특허서류에서 장소를 가리키는 의미로 자주 사용된다. '中'도 장소를 가리키는 의미로 쓰이지만 '中'에 비해 '里'는 '샘플은 용기 안에 담겨져 있다', 즉 '样品容纳在容器里'와 같이 구체명사와 결합하여 사용되어 구체적인 위치를 가리키는 경우가 일반적이다.

중국어 방위사 '内'는 '···의 안', '···내'라는 뜻으로 장소와 시간을 나타내는 의미로 자주 사용된다.

아래 예문과 같이 문맥에 따라 '中' 대신 '内'를 사용하여도 의미는 변하지 않으나 '中'의 의미가 보다 포괄적이어서 '中'이 더 많이 사용된다.

제어장치 중의 데이터 정보를 발송한다.

发送控制装置中的数据信息。

发送控制装置内的数据信息。

'前'은 방위사로서 '…의 앞'이라는 위치를 가리키는 의미, 그리고 '어떤 시기의 앞'이라는 시간을 나타내는 의미로 사용된다.

특허서류에서는 주로 '어떤 시기의 앞'이라는 의미로 사용된다.

보상된 데이터 전압은 보상 전의 데이터 전압보다 작을 수 있다.

补偿数据电压可小于补偿前的数据电压。

위의 예문에서 '…전'에 대응되는 중문 표현은 '…前'이다. 시간을 나타내는 경우에는 '前' 대신 '之前'을 사용해도 의미는 변하지 않는다.

'后'는 방위사로서 '…의 뒤'의 위치를 가리키는 의미, 그리고 '…한 후(뒤)'의 시간적 선후 순서의 의미로 사용된다.

특허서류에서는 '어떤 동작이 완료된 후'의 시간적 순서를 나타내는 의미로 많이 사용된다.

예문 1

가스 라인은 좌측의 비표시 영역을 지난 후 좌측의 굴곡변과 교차할 수 있다.

번역문

液化气管线可经过左侧的非显示区域后, 与左侧的弯曲边交叉。

예문 2

처리부에서 제습된 공기를 수송할 수 있다.

번역문 1

可输送由处理单元除湿后的空气。

번역문 2

可输送由处理单元除湿过的空气。

예문 1 은 동작이 연이어 진행될 때 선후 순서를 나타내는 의미로 '后'가 사용된 예시이다. 예문 2 는 한글 원문의 '제습된'과 같이 어떤 동작이 완료되었음을 나타내기 위하여 중문 번역문에서 '除湿' 뒤에 '后'를 추가하여 번역하였다. 과거의 의미로 쓰인 경우 번역문 2 와 같이 '后' 대신 '过'를 사용하는 것도 가능하며 문장의 의미는 변하지 않는다.

'~에/에서'의 번역

앞서 언급한 바와 같이 한국어에서는 위치나 공간을 표시할 때 처소격조사 '~에/에서'로 표현하는 경우가 있다. 이런 경우 번역자에 따라 적당한 중국어 방위사를 추가하여 번역해 주어야 한다.

예문

압력 감지용 전극에 전하가 형성되면 그에 따라서 전계가 발생하는데, 센서기판에서는 이로 인하여 신호 간섭의 문제가 발생할 수 있다.

번역문1

当压力传感器电极产生电荷, 电场随之产生, 有可能使感测基板发生信号干扰的问题。

번역문2

当压力传感器电极上产生电荷, 电场随之产生, 有可能使感测基板发生信号干扰的问题。

위의 **번역문1** 은 '전극에', '센서기판에서'의 중문번역에서 방위사를 추가 번역하지 않았고, **번역문2** 는 '电极上', '感测基板上'과 같이 방위사 '上'을 추가 번역하여 문장의 이해도와 가독성을 높여주었다.

번역문1 과 같이 방위사 추가가 어렵거나 의미가 비슷한 방위사 중에서 적절한 용어를 선택하기 어려울 때는 방위사를 추가 번역하지 않는 경우가 있는데 이러한 방식은 바람직하지 않다.

물론, 모든 '명사 ➕ 에/에서'인 경우 반드시 '~에/에서'를 번역해야 되는 것은 아니다. 예를 들어, '부분', '부위', '곳' 뒤에 '~에/에서'가 올 때는 '上', '中' 등 방위 사를 추가하지 않아도 된다. '부분', '부위', '곳' 단어 자체가 위치정보를 포함하고 있기 때문이다.

인쇄 회로기판 사각 부분에는 집적 회로부가 부착될 수 있다.

印刷电路板的四边形部分可附着集成电路部。

방위사 관련 선언적 문구

'上', '中', '下' 등 방위사들은 그 의미가 광범위하며 모호하다. 이러한 특징 으로 인해 '종속항의 작성 양식'에서 설명한 단음절 및 2음절 방위사의 의미 와 문법적 특징을 잘 이해하여 문맥에 맞게 정확히 번역해야 한다.

만에 하나 잘못된 용어 선택으로 인하여 특허의 기술방안 및 청구범위가 한 가지 의미 또는 좁은 의미로 한정되는 것을 방지하기 위한 방편으로, 영 미권 나라의 특허서류에서는 흔히 특허 명세서의 구체적 실시방식 앞부분에 방위사의 의미에 대한 선언적 의미의 문구를 추가한다.

한국어 특허명세서에도 청구범위를 보호하기 위한 아래와 같은 선언적 문구가 사용되는데, 아래 번역 예를 보면서 잠시 쉬어가기로 한다.

예시 1

요소(예들 들어 '층')가 다른 요소 또는 층 '위'에 있거나, 다른 요소 또는 층에 '연결되다' 또는 '연접되다'고 할 때, 해당 요소(예들 들어 '층')은 다른 요소 또는 층에 직접 위치하거나 연결되거나 또는 연접될 수 있고, 또는 중간 요소 또는 층이 존재할 수도 있다. 다만, 요소 또는 층이 '직접' 다른 요소 또는 층 '위'에 있거나, 다른 요소 또는 층에 '직접 연결되다' 또는 '직접 연접되다'라고 할 때에는 중간 요소 또는 층이 존재하지 않는다.

번역문

当元件 (例如, 层) 被称为在另一元件或层 '上', '连接到' 或 '联接到' 另一元件或层时, 该元件 (例如, 层) 可直接在另一元件或层上, 连接到或联接到另一元件或层, 或者可存在有中间元件或层。然而, 当元件或层被称为 '直接' 在另一元件或层 '上', '直接连接到' 或 '直接联接到' 另一元件或层时, 则不存在中间元件或层。

공간의 상대적인 용어인 '하면', '하방', '아래', '상면', '상방', '측' 등 본문에서 설명의 목적으로 사용되었다. 따라서 도면에 도시된 하나의 요소와 다른 요소의 관계를 설명하는데 사용될 수 있다. 도면에 도시된 방향 이외에 공간 상대 용어는 장치가 사용, 조작과/및 제조 중에서의 다른 방향을 의미한다. 예를 들어, 도면에서의 장치가 반전되면 기타 요소 또는 특징의 '하방' 또는 '하면'의 요소가 기타 요소 또는 특징의 '상방' 또는 '상면'에 위치하게 된다. 따라서 예시성 용어 '하방'은 상방 및 하방 2가지 방향을 포함할 수 있다. 한편, 장치는 기타 방식으로 방향을 취할 수 있다(예를 들어, 90도 회전 또는 기타 방향). 따라서 본문에서 사용되는 공간은 설명하는 용어에 따라 상응하는 해석을 가진다.

번역문

空间相关术语诸如'下面'、'下方'、'下'、'上面'、'上方'、'上'、'侧'）等, 可在本文中出于描述目的使用, 从而用以描述如图中所示的一个元件与另一个元件的关系。除了图中描述的方向之外, 空间相关术语还旨在涵盖设备在使用、操作和/或制造中的不同方向。例如, 如果图中的设备被翻转, 则被描述为在其它元件或特征'下方'或'下面'的元件将被定向为在其它元件或特征'上方'或'上面'。因此, 示例性术语'下方'可包含上方和下方这两个方向。此外, 设备可以其它方式定向 (例如, 旋转90度或其它方向), 由此, 本文中使用的空间相对术语得以相应的解释。

피동구문

　한글 특허서류의 특징 중 하나는 객관성과 공정성을 나타내기 위해 피동 구문을 빈번하게 사용한다는 점이다. 한글에서 피동문의 표현 방식은 다음과 같다. 첫째, '용언어근➕되다피동 접미사', 둘째, '용언어근➕이, 히, 기, 리피동 접미사', 셋째, '용언어근➕이, 히, 기, 리피동 접미사➕어지다'. 피동문의 서술어와 호응하는 피동 의미의 부사격 조사는 '~에/에게/에 의해'가 있다.

　중문에서 피동구문은 '被动句피동구'라고 하는데 '被'를 사용하여 피동을 나타내는 피동구문이 가장 대표적이다.

　한글 특허서류에서 나타나는 피동 표현을 일일이 중문의 '被'와 대응시켜 번역할 경우 중국 대중이나 심사관이 읽을 때 불편함을 느끼기 쉽다. 고립어인 중국어 특성상 피동의 의미를 나타낼 때 동사는 형태의 변화 없이 단지 앞뒤 문맥의 의미로 피동 의미를 표현할 수 있기 때문이다. 또한 '被'의 의미는 '당하다'라는 부정적인 어감이 있어서 일반 문장에서 자주 사용되지 않는다.

한글과 중문의 이런 특성으로 인하여 특허서류 번역 시 어떻게 하면 한국어 피동 표현을 다양한 표현으로 바꾸어 자연스러운 중문으로 번역할 수 있는지가 중요하다.

개사로서의 '被' 피동구문 번역

'被'는 개사 및 조사, 2가지 품사를 가진다.

개사 '被'로 표현되는 피동구를 살펴보자.

예문

바디의 윗면 전체는 도금층에 의해 덮이고 접촉된다.

번역문 1

主体的整个上表面被镀层覆盖并与其接触。

번역문 2

主体的整个上表面被镀层所覆盖并与其接触。

위 한글 예문에서 '바디의 윗면 전체'는 피동주체受事이고, '도금층'은 주동주체施事이다. 따라서 '바디의 윗면 전체는 도금층에 의해 덮이'에 대응하는 중문 피동문을 번역문1 과 같이 '主体的整个上表面被镀层覆盖'로 번역할 수 있다. 이때 중문 피동문 구조는 '受事 ➕ 被 ➕ 施事 ➕ 动词性词语'

이다. 한편, <kbd>번역문 2</kbd> 와 같이 '被…所'라는 개사구 고정형식으로 번역할 수도 있는데 이때 중문 피동문의 구조는 '受事 ⊕ 被 ⊕ 施事 ⊕ 所 ⊕ 动词性词语'이다.

일반적으로 위의 예문과 같이 피동주체와 주동주체 사이의 관계를 강조하기 위하여 피동 표현을 사용한 경우, 피동문을 일반 서술문으로 번역하기보다는 '被' 개사구 이외의 다양한 피동 표현을 사용하여 번역한다.

예를 들어, 아래 <kbd>예문 1</kbd> 및 <kbd>예문 2</kbd> 와 같이 '被' 대신 '由', '经' 등 표현을 사용하여 '被'의 사용을 줄일 수 있다. 이외에도 '被'와 비슷한 표현으로 '受', '让', '给', '用', '以', '靠', '通过…', '所', '予以', '得到' 등이 있다.

<kbd>예문 1</kbd>

바디의 윗면 전체는 도금층에 의해 덮이고 접촉된다.

<kbd>번역문 1</kbd>

主体的整个上表面经镀层覆盖并与其接触。

<kbd>번역문 2</kbd>

主体的整个上表面由镀层所覆盖并与其接触。

은 이온(Ag+)은 알루미늄(Al)에 의해 환원되어 은(Ag) 입자로 석출된다.

银离子 (Ag+) 被铝 (Al) 还原后沉淀为银 (Ag) 颗粒。

银离子 (Ag+) 经铝 (Al) 还原后沉淀为银 (Ag) 颗粒。

조사로서의 '被' 피동구문 번역

'被'가 조사로 사용되어 피동문을 나타내는 경우, '도면의 두께를 확대하여 나타낼 수 있다', 즉 '附图的厚度可被放大示出'와 같이 피동주체인 '도면의 두께附图的厚度'만 있고 주동주체는 없는 방식으로 번역된다. 이런 경우의 피동문은 '受体➕被➕动词性词语)'의 구조로 표시할 수 있다.

한편, '도면의 두께를 확대하여 나타낼 수 있다'의 중문 번역문 '附图的厚度可被放大示出'는 중국 독자 및 심사원 입장에서 자연스러운 중국어 표현이 아니다. '被'를 생략한 '附图的厚度可放大示出' 또는 문장의 어순을 바꾼 '可放大示出附图的厚度'가 보다 자연스럽다.

이런 어색한 중문 번역이 발생하는 이유는, 국내 특허서류를 중문으로 번역하여 중국에서 출원할 때 한글 특허서류를 직접 중문으로 번역하는 것이 아니라, 한글 원문을 영어로 번역한 후 다시 중국어로 번역하는 경우가 대부분이기 때문이다. 즉, 한·영 번역 과정에서 한국어 일반 서술문이 피동 표현으로 바뀌고, 그 영문 번역문이 다시 중문으로 번역된 결과다. 게다가 영문 특허문서를 중문으로 번역하는 역자 대부분이 한글을 모르거나, 알고 있다고 해도 한글 원문을 참조하지 않는 경우가 많다.

'受体➕被➕动词性词语'와 같은 어색한 피동 표현은 아래 예문과 같이 '被'를 생략하거나번역문 1 참조 문장에서 단어의 순서를 변경하여 일반 서술체로 바꾸는번역문 2 참조 2가지 방식으로 변화를 줄 수 있다.

예문

이와 달리 발광층은 생략될 수도 있다.

번역문 1

与此不同, 发光层可被省略。

번역문 2

与此不同, 可省略发光层。

다만 아래 예문의 **번역문1** 과 같이 '被⋯为(成/到/至)'와 같은 구조로 번역되었을 경우, **번역문1** 처럼 '被' 생략은 가능하지만 단순하게 문장 순서를 바꿀 수는 없다.

예문

영상의 표시 영역이 비사각 형태로 인식될 수 있다.

번역문

图像的显示区域可被识别为非四边形形状。

일반적으로 '被'가 조사로 사용된 피동문은 아래 **예문 1** 과 같이 '被'를 생략하거나, 또는 **예문 2** 및 **예문 3** 과 같이 각각 '由', '得到' 등 다양한 표현을 사용하는 식으로 피동문을 일반 서술문으로 바꾸어 번역할 수 있다.

예문 1

패드 전극이 외부로 노출될 수 있다.

번역문1

焊盘电极可以被暴露于外部。

번역문2

焊盘电极可以暴露于外部。

압력 센서용 전극은 길이가 너비보다 긴 직사각형태로 구성된다.

压力传感器电极被构成为具有长度比宽度长的矩形形状。

压力传感器电极由长度比宽度长的矩形形状构成。

금속 이온이 환원되어 패드 전극 상에 재흡착되는 문제가 발생할 수 있다.

可发生金属离子被还原后再吸附在像素电极上的问题。

可发生金属离子经还原后再吸附在像素电极上的问题。

복합문

특허서류를 보면 발명 대상인 기술 또는 원리가 어렵고 복잡한 경우가 많다. 기술과 원리를 충분하고 정확하게 설명하려다 보니 복합문과 긴 문장이 자주 사용된다.

한글과 중문의 문장구조에서 한글의 목적어는 술어의 앞에 오고 중국어의 목적어는 술어의 뒤에 오는 등 다른 점이 있으나, 관형사구와 부사구가 피수식어의 앞에 위치한다는 공통점도 있다.

이번 장에서는 특허서류 중에서 자주 사용되는 관형절, 부사절의 번역에 대해 살펴보도록 하자.

관형절

관형절은 문장이 관형어처럼 바뀌어 명사 또는 대명사를 수식하는 역할을 한다. 이때 관형절은 'ㄴ/ㄹ'처럼 관형사형 전성어미가 붙거나 '~라는', '~다는', '~냐는', '~자는'과 같이 '~( )는' 등의 형태를 취한다. 특허서류에서는 하나의 절로 많은 내용을 표현하기 위하여 관형사구가 사용되는 경우가 많다.

한글 특허서류에서 '관형어⊕ 명사1⊕ 접속사⊕ 명사2'와 같은 문장구조일 경우 2가지 해석이 가능하다. 첫 번째는 관형어가 명사1만 수식하는 것으로, 즉 '(관형어⊕ 명사1)⊕ 접속사⊕ 명사2'인 경우다. 두 번째는 관형어가 뒤의 명사 2개를 모두 수식하는 것으로, 즉, '관형어⊕ (명사1⊕ 접속사⊕ 명사2)' 인 경우다.

예문 1

발광층은 감광성 물질인 폴리아크릴계 수지, 폴리이미드계 수지와 색소를 포함할 수 있다.

번역문

发光层可包括作为光敏材料的聚丙烯酸基树脂、聚丙烯酸基树脂和色素。

예문 2

발광층은 감광성 물질인 폴리아크릴계 수지, 폴리이미드계 수지와 유기 발광 물질을 포함할 수 있다.

번역문1

发光层可包括作为光敏材料的聚丙烯酸基树脂、聚丙烯酸基树脂和有机发光材料。

发光层可包括有机发光材料和作为光敏材料的聚丙烯酸基树脂、
聚丙烯酸基树脂。

위의 예문 1 에서 예문에서 문맥의 내용상 '감광성 물질인作为光敏材料的',
'폴리아크릴계 수지聚丙烯酸基树脂', '폴리이미드계 수지聚丙烯酸基树脂', '색소色
素'는 각각 관형어, 명사1, 명사2, 명사3에 해당된다. 명사1과 명사2는 관형어
'감광성 물질'에 속하므로 이의 수식을 받을 수 있으나 명사3 '색소'는 '감광성
물질'의 속성이 없기 때문에 관형어 '감광성 물질'의 수식을 받지 못한다. 따
라서 한글 원문의 순서대로 번역하면 정확한 의미 전달이 가능하다.

그러나 예문 2 와 같이 문맥상 관형어의 수식 범위가 명확하지 않은 경우
가 있다. 예문에서 문맥의 내용상 '감광성 물질인作为光敏材料的', '폴리아크릴
계 수지聚丙烯酸基树脂', '폴리이미드계 수지聚丙烯酸基树脂', '유기 발광물질有机
发光材料'은 각각 관형어, 명사1, 명사2, 명사3에 해당된다. 명사1과 명사2는
관형어 '감광성 물질'의 수식을 받으나 명사3은 관형어 '감광성 물질'의 수식
을 받지 않는다. 그러나 번역문 1 과 같이 번역하면 '유기 발광물질'도 관형어
인 '감광성 물질'의 특징이 있다고 생각될 여지가 있어 관형어가 명사1, 명사
2, 명사3을 모두 수식하는 것으로 잘못 이해될 수 있다.

이렇게 문맥을 통해서 관형어의 수식 범위가 명확하지 않을 때는 번역문 2

와 같이 명사3의 위치를 명사1 및 명사2의 위치와 바꾸어 번역한다. 따라서 관형어 '감광성 물질인'이 '폴리아크릴계 수지'와 '폴리이미드계 수지'를 수식하고 '유기 발광물질'은 수식하지 않는다는 의미가 명확해진다.

특허서류에는 2개 이상 긴 관형절을 포함하여 그 수식 관계와 문장의 의미가 모호해지는 문장이 많다. 가장 대표적으로 청구항을 들 수 있는데, 이런 경우 긴 관형어를 별도의 독립된 절로 분절하여 번역하는 방법이 있다.

예문

청구항1

기기의 흔들림을 검출하는 자이로 센서;

이미지 센서의 위치를 검출하는 홀센서;

흔들림 보정 신호에 따라 모터 구동을 제어하는 모터 제어부;

상기 모터 제어부의 제어에 따라 모터를 구동시켜 이미지 센서의 위치를 이동시키는 모터 구동부

를 포함하는 카메라 모듈.

번역문1

1.相机模块包括:

检测设备的抖动的陀螺仪传感器;

检测图像传感器的位置的霍尔传感器;

根据抖动校正信号来控制电机的驱动的电机控制部; 以及

根据所述电机控制部的控制来驱动电机从而移动图像传感器的位置的电机驱动部。

번역문 2

1.一种相机模块, 包括:

陀螺仪传感器, 用于检测设备的抖动;

霍尔传感器, 检测图像传感器的位置;

电机控制部, 根据抖动校正信号来控制电机的驱动; 以及

电机驱动部, 根据所述电机控制部的控制来驱动电机, 从而移动图像传感器的位置。

위의 청구항 예문에서 '기기의 흔들림을 …'를 포함하는'은 하나의 긴 관형절로 발명 명칭은 '카메라 모듈'을 수식한다. 하나의 긴 관형절은 4개의 병렬된 명사절로 구성되었고, 각 명사절은 '관형어+명사' 구조로 구성되었다.

각 명사절을 원문 순서대로 번역하면 **번역문1** 과 같고, 명사절에서 피수식명사를 앞에 놓고, 명사를 수식하는 관형어를 명사뒤에 ','콤마와 구분하여 일반 서술구로 번역하였다. 즉, '관형어➕ 명사' 구조를 중문에서 '명사➕, ➕ 서술구로 쪼개어 번역한 것이다. **번역문1** 과 비교하여 **번역문2** 는 '카메라 모듈'과 각 구성부분의 포함관계, 그리고 각 구성부분의 특징이 일목요연해지는 장점이 있다.

청구범위의 번역 외에 명세서 번역에서도 이처럼 쪼개는 방법을 사용할 수 있다.

본 발명에 따른 선박의 액화가스 재기화 시스템은, 액화가스를 열전달 매체와 열교환시켜 기화시키는 기화기; 상기 기화기로부터 가스 수요처로 이송되는 재기화 가스를 가열하는 트림히터; 상기 열전달 매체를 순환시키는 제1사이클을 포함할 수 있다.

根据本发明的船舶液化气再气化系统, 可以包括: 使液化气与传热介质进行热交换以气化液化气的气化器; 将从所述气化器输送到燃气需求方的再气化气体进行加热的微加热器; 用于循环所述传热介质的第一循环。

根据本发明的船舶液化气再气化系统, 可以包括: 气化器, 用于使液化气与传热介质进行热交换, 以气化液化气; 微加热器, 用于将从所述气化器输送到燃气需求方的再气化气体进行加热; 第一循环, 用于循环所述传热介质。

위의 예문에서 번역문1 은 원문을 순서대로 번역한 것이다. 번역문2 는 원문에서 주어 '液化气再气化系统'가 포함하고 있는 3가지 구성부분, 즉 '气

化器', '微加热器'와 '第一循环' 등 명사구 목적어를 하나의 서술구로 가장 앞에 놓고, '액화가스를 열전달 매체와 열교환시켜 기화시키는', '상기 기화기 로부터 가스 수요처로 이송되는 재기화 가스를 가열하는' 및 '상기 열전달 매 체를 순환시키는' 등 세 명사구에 포함된 각각의 관형어를 하나의 서술구로 처리하여 문장의 의미가 보다 명확하게 했다.

부사절

부사절은 문장이 부사어처럼 바뀌어서 서술어나 문장을 수식하는 역할을 한다. 이때 부사절은 부사형 전성어미인 '~듯이', '~게', '~도록'이 붙어 이루어진다.

여기에서는 부사절 중에서도 시간부사절, 원인부사절, 조건부사절, 목적부사절, 결과부사절의 번역에 대해 살펴보도록 한다.

한글과 중문의 언어습관 상 일반적으로 부사절은 모두 문장의 첫머리에 위치한다. 문장의 뒷부분 또는 중간에 놓기도 하는데, 대부분 한글 원문 순서대로 번역해 주면 된다. 중요한 것은 한글 특허서류의 내용을 잘 파악하여 적절한 중문 접속사 표현을 선택하는 것이다.

―― 원인부사절, 결과부사절

예문 1

배선은 접지층과 중첩되는 면적이 작으므로 고주파 대역의 신호를 송수신할 수 있다.

번역문 1

*由于*配线与接地层重叠的面积小, *因此*可通过配线发送和接收高频带中的信号。

번역문 2

可通过配线发送和接收高频带中的信号, *因为*配线与接地层重叠的面积小。

예문 2

이는 조리물 하면에도 최대한의 마이크로파를 형성할 수 있어 상하 균일한 가열을 기대할 수 있다.

번역문

这使在烹饪物的底部也可以产生最大限度的微波, *因此*可以期待上下均匀地加热。

예문 1 은 원인부사절 예문이고, **예문 2** 는 결과부사절 예문이다. 원인부사절은 중국어 습관상 문장의 첫머리에 놓거나 또는 뒷부분에 놓아도 된다.

문장의 첫머리에 위치할 때는 중문의 '由于…因此', '因为…所以'의 조합을 사용하고, 앞의 '由于…', '因为…' 또는 뒤의 '…因此', '…所以'만 사용해도 된다.

원인부사절을 뒷부분에 놓을 때는 접속사 '因为…'를 추가하여야만 원인 관계가 확실하므로 생략하지 않는 것이 좋다. <u>예문2</u> 는 결과를 나타내는 부사절로, 원인부사절과 의미상 크게 다르지 않다. 결과를 중국어로 번역할 때 결과를 나타내는 접속사 '因此', '由此', '从而' 등 접속사를 적절히 선택하여 원문의 의미를 정확하게 표현해야 한다.

—— 조건부사절

예문 1

차폐층에 안테나 신호가 인가되면 안테나 패턴은 전파를 송수신할 수 있다.

번역문

如果天线信号施加到屏蔽层, 天线图案可发送和接收信号。

예문 2

탄성층의 두께가 변화되면 압력 센서용 전극과 접지층 사이에 정전 용량이 변화한다.

当弹性层的厚度发生变化时, 压力传感器电极与接地层之间的静电电容发生变化。

위의 예문 1 과 예문 2 는 조건부사절 예문이다. 한국어 '…면'에 대응되는 중문 접속사로는 '如果(如)…(就)', '当…(时)'가 있다. 이외에 '…기만 하면', '…어야만'에 대응되는 중문 표현으로는 각각 '只要…就', '除非…才' 등이 있다. 조건부사절은 문장의 첫머리에 놓는 것이 일반적이며, 한글 순서대로 번역하면 된다.

—— 목적부사절

이어서, 목적부사절이 문장의 앞머리 및 문장의 뒷부분에 놓인 경우에 대해 각각 살펴보자.

예문 1

패드부는 FPC와 같은 회로 기판과의 전기적 접속을 위한 복수의 패드들을 포함할 수 있다.

焊盘部可包括用于与电路板 (如FPC板) 电连接的多个焊盘。

예문 2

소자를 구동하기 <u>위한</u> 구동 신호를 주변 영역에 출력할 수 있다.

번역문

可将<u>*用于驱动元件的*</u>驱动信号输出到外围区域。

위의 **예문 1** 과 **예문 2** 는 목적부사구가 관형격 어미 '~ㄴ'와 결합하여 뒤의 명사나 명사구를 수식해 주는 문장의 번역 예문이다. 한글의 목적을 나타내는 의미의 접미사 '···ㄹ 위하❹ ㄴ관형격 어미', '···기 위하❹ ㄴ관형격 어미'에 대응되는 중문 표현으로는 '用于···的', '···为···的'가 있다. 이런 경우에는 따로 해당 구절을 독립시키기보다는 피수식 명사나 명사구 앞에 번역하면 되며, 문장의 앞이나 중간 또는 뒷부분이 될 수 있다.

예문 1

윈도우는 투명한 물질로 형성되어 <u>화상이 외부에서 시인될 수 있도록</u> 한다.

번역문

视窗由透明材料形成, <u>*以便能够从外部观看图像*</u>。

예문 2

내벽과 외벽 사이에서 <u>지지부가 삽입되도록</u> 형성되는 인입홈을 포함할 수 있다.

번역문

可以包括引入槽, 其形成在内壁和外壁之间, <u>*以使支撑部插入*</u>。

밀폐부는 장방형으로 돌출 형성되어 도포부의 상측 토출홀에 인입되게 한다.

密封部可以形成为以矩形形状突出, 以被引入涂覆部上侧排出孔中。

예문 1~3은 목적부사구가 문장의 뒤에 놓인 예문이다. 예문과 같이 한글 '…도록 하', '…게 하' 등 목적부사 접미사에 대응되는 중문 표현으로는 '以便', '使得', '以' 등이 있으며, 한글 원문의 순서대로 번역하면 된다.

종종 아래 예문과 같이 '…도록 하'와 같은 목적부사 접미사, 또는 '~므로'와 같은 원인부사 접미사가 없는 경우가 있다. 이럴 때는 문맥상으로 절 사이의 논리적 구조를 판단하여 중문 번역 시 적당한 접속사를 추가하여 의미를 확실하게 해야 한다.

제어장치에 터치 감지 기능이 포함되어 사용자의 편의를 도모한다.

控制装置具有触摸感测功能以促进用户的便利性。

控制装置具有触摸感测功能, 因此促进用户的便利性。

控制装置具有触摸感测功能，从而促进用户的便利性。

위 한글 예문에 대한 , , 은 모두 가능하나, 서로 다른 접속사를 사용하면서 의미가 조금 달라졌다. 은 '以'를 사용하여 목적관계를 나타냈고, 는 '因此' 접속사를 사용하여 원인관계를 강조하였고, 은 '从而'을 사용하여 결과관계를 강조하였다.

특허서류에는 한 문장에 다수의 종속절 또는 수식관계가 존재하는 경우가 적지 않다. 번역 실무에서 번역자는 우선 원문의 문장구성을 명확히 분석하고, 다음으로 이에 대응되는 가장 적절한 중국어 표현 방식으로 번역해야 한다. 중요한 것은 특허서류의 기술적 내용에 대한 정확한 이해가 전제되어야 한다는 점이다. 그래야 한글 특허서류의 중문 번역 작업에 대한 정확성과 효율성을 기대할 수 있다.

문장부호

　문장부호 사용은 아마도 특허서류 번역 중 가장 간과하기 쉬운 부분일 것이다.

　문장부호를 정확하게 사용하거나 또는 적절하게 번역하는 것은 특허서류의 의미 전달과 가독성에 영향을 미친다. 심지어 문장에 마침표가 하나 누락됐다는 이유로 해당 특허가 무효화된 중국 판례도 있다. 극단적인 예이기는 하지만 문자내용뿐만 아니라 문장부호 하나하나의 번역에도 주의를 기울여야 하는 것이 사실이다.

　한국어나 중문 특허서류에서 사용되는 문장부호의 종류는 많지 않다. 한글에서는 ',' 쉼표, '.' 마침표가 가장 많이 사용되고, 중국어에서는 그에 대응되는 ',' 逗号, '。' 句号 이외에, ':' 冒号, 콜론, ';' 分号, 세미콜론, 그리고 한글에 없는 문장부호인 '、' 顿号, 모점이 많이 사용된다.

모점

모점은 문장에서 병렬관계인 단어 또는 구 사이를 열거할 때 사용된다. 예를 들면 절의 병렬, 명사의 병렬, 관형사구의 병렬 등에 쓰인다.

예문

내용물 용기는 <u>용기부, 토출부, 도포부</u>를 포함할 수 있다.

번역문

内容物容器可以包括<u>容器部、排出部、涂敷部</u>。

위의 예문과 같이 한글에서 명사나 명사구들을 열거할 때 사용되는 ','에 대응되는 중국 문장부호는 '、'이다. 명사나 명사구 병렬 이외에 '、'은 '具有积极的、肯定的一面'과 같이 형용사구 병렬에도 사용되어 뒤에 오는 명사나 명사구를 수식해준다. 가끔 일본어의 영향을 받은 것으로 보이는 '、'이 잘못 번역되는 경우가 있다.

예문

도1는 <u>안테나로 구현된</u> 제1배선 및 제2배선이 부착된 차폐층의 사시도이다.

번역문 1

图1是<u>用作天线的、</u>第一布线及第二布线附着于屏蔽层的透视图。

图1是用作天线的第一布线及第二布线附着于屏蔽层的透视图。

위 예문에서 '안테나로 구성된'은 관형구로서 '제1배선 및 제2배선'을 수식해 주며 '用作天线的'으로 번역된다. 번역문 1 과 같이 '用作天线的' 뒤에 ','을 찍으면 관형구 '안테나로 구성된'은 '제1배선 및 제2배선'과 함께 병렬 관계로 인식이 되어 '차폐층'을 수식하는 의미로 오인될 가능성이 있다. 따라서 이런 경우에는 번역문 2 와 같이 ','을 찍지 않고 번역하는 것이 수식관계가 오히려 명확해진다.

콜론

콜론의 기본적인 개념은 '즉, 말하자면, 예를 들면'이다. 제시어 뒤의 휴지 또는 아래 문장을 제시하거나 윗문장을 총괄하는 뜻으로 사용된다. 특허서류에서 가장 자주 사용되는 경우는 바로 '…는 …를 포함한다'는 의미로, 중국어의 '…包括:…'에 해당한다.

도포부는, 하측 단부에서 지지부의 내면과 접하도록 돌출 형성되는 내벽; 지지부의 외면과 접하도록 돌출 형성되는 외벽; 및 내벽과 외벽 사이에서 지지

부가 삽입되도록 형성되는 인입홈을 포함할 수 있다.

번역문 1

涂敷部可以包括突出形成以在涂敷部的下端处与支撑部的内表面接触的内壁; 突出形成以与支撑部的外表面接触的外壁 ; 以及形成在内壁和外壁之间以使支撑部插入的引入槽。

번역문 2

涂敷部可以包括: 内壁, 其突出形成以在涂敷部300的下端处与支撑部的内表面接触; 外壁, 其突出形成以与支撑部的外表面接触; 以及引入槽, 其形成在内壁和外壁之间, 以使支撑部插入。

위의 한글 예문을 보면 주어 '도포부'와 서술어 '포함할 수 있다'의 사이에 '하측 단부에서……인입홈을'의 긴 문장으로 된 목적구가 있다. **번역문 1** 은 한글 어순 그대로 중문으로 번역한 것이고, **번역문 2** 는 '…를 포함할 수 있다'에 대응되는 중문 서술어 '可包括' 뒤에 문장부호 ':'를 추가하여 뒤에 따르는 긴 목적구와 구분한 것이다. 이때 ';'으로 구분된 3개의 목적구를 각각 쪼개어 번역하였다. **번역문 1** 과 비교하여 **번역문 2** 의 가독성이 높고 내용을 이해하기 쉽다.

청구범위를 작성하거나 번역할 때 서술어 '包括'와 뒤에 따르는 긴 목적어를 ':'으로 구분하는 것은 선택이 아니라 필수이다.

청구항1

조리실;

안테나를 통하여 마이크로파를 방사하는 마그네트론; 및

상기 안테나에서 방사되는 상기 마이크로파를 상기 조리실의 상부로 안내하는 방사 모듈;을 포함하며,

1.

一种微波炉, 包括:

烹饪腔室;

磁控管, 其通过天线辐射微波; 以及

辐射模块, 其将从所述天线辐射的所述微波导入至所述烹饪腔室的上部。

세미콜론

세미콜론의 기본적인 개념은 콤마와 병렬접속사 '그리고', '및'의 조합이라고 보면 된다. 중국어에서 2개 이상의 절을 병렬할 때 자주 사용된다. 특히 한글 청구항에서 ';'로 병렬요소를 병렬할 때 마지막 ';' 뒤에 '및'이 오는데, 이것은 이 뒤에 오는 요소가 마지막 병렬요소가 되는 것이다.

특허서류에서 세미콜론은 청구범위의 구성요소들을 나열할 때, 요약서, 발명의 내용, 발명을 실시하기 위한 구체적인 내용에서 구성요소들을 나열하거나 2개 이상의 절을 병렬할 때 사용할 수 있다.

예문

도1에 도시된 바와 같이, 상기 제1연결패턴은 제1방향으로 배열되어 인접한 제1감지셀들을 전기적으로 연결시키고, 상기 제2연결패턴은 상기 제1연결패턴과 이격되어 위치하며, 제2방향으로 배열되어 인접한 제2감지셀들을 전기적으로 연결시킨다.

번역문

如图1所示, 第一连接图案沿着第一方向延伸, 并且将第一感应单元电连接; 第二连接图案布置为与第一连接图案分隔开, 并且沿着第二方向延伸,将相邻的第二感应单元彼此电连接。

위의 예문은 발명을 실시하기 위한 구체적인 내용에서 각 구성요소를 설명하는 내용이다. 첫 번째 구절은 '제1연결패턴'을 설명하는 것이고, 두 번째와 세 번째 구절은 '제2연결패턴'의 특징을 설명하였다. 한글 원문에서는 모두 세 구절을 쉼표로 구분하였으나, 중문 번역 시 첫 번째 구절과 두 번째 구절 사이의 쉼표를 세미콜론으로 바꾸어 문장의 병렬구조를 보다 이해하기 쉽게 하였다.

청구항11

복수의 라인을 포함하는 구동유닛; 및

상기 구동유닛을 왕복 이동시키기 위한 구동 이동부를 포함하고,

상기 복수의 라인 각각은 일열로 배열된 복수의 서브 라인을 포함하는,

전자장치.

11. 一种电子装置, 包括:

驱动单元, 其包括多个线; 以及

驱动移动部, 其配置为往返移动所述驱动单元,

其中, 所述多个线中的每个线包括设置为一列的多个子线。

위의 예문은 청구항의 예이다. 일반적으로 하나의 청구항은 하나의 문단으로 기술하는데, 기술특징이 많고 내용과 상호 관계가 복잡하다. 이런 경우 문장부호를 적절히 사용하여 문장의 계층구조와 내용을 명료하게 서술할 수 있다. 예문과 같이 청구항의 전제부와 전이부 어구 사이에는 ','쉼표를, 전이부 어구와 본문 사이에는 ':'콜론을, 본문 내용 중의 각 특징 사이는 ';'세미콜론 또는 '문단'으로 구분한다.

코일 부품은 2.4 mm의 길이, 2.1mm의 폭 및 1.2mm의 두께를 가지거나,

2.0mm의 길이, 1.1mm의 폭 및 0.7mm의 두께를 가지거나, 1.0mm의 길이,

0.4mm의 폭 및 0.4mm의 두께를 가지거나, 0.8mm의 길이, 0.4mm의 폭

및 0.5mm의 두께를 가지도록 형성될 수 있다.

主体可以具有2.4mm的长度、2.1mm的宽度和1.2mm的厚度；

2.0mm的长度、1.1mm的宽度和0.7mm的厚度；1.0mm的长度、

0.4mm的宽度和0.4mm的厚度或者0.8mm的长度、0.4mm的宽

度和0.5mm的厚度。

예문2 는 길이, 폭 및 두께를 포함한 3개 수치가 한 세트로써 하나의 코일 부품의 규격을 표시하며 총 5가지 경우를 예시하고 있다. 한글 원문에서는 길이, 폭, 두께 사이를 쉼표(,)로 표시한 동시에 서로 다른 규격도 쉼표(,)로 표시하고 있다. 원문 그대로 중국어에 옮길 경우, 가독성이 떨어질 우려가 있지만 예시된 번역된과 같이 길이, 폭 수치 사이는 반점(、)으로 표시하고, 두께로 끝나는 수치 뒤에 세미콜론(;)으로 표시함으로써 3개의 수치가 한 세트로써의 경계선을 명확하게 구분지었다. 이로써 문장의 구조가 일목요연해지고 가독성이 향상되는 효과를 기대할 수 있다.

한·중·영 특허용어사전

가출원	临时申请	provisional application
간접침해	间接侵犯	indirect infringement
강제 실시권	强制许可	compulsory license
개량	改进	improvement
개량특허	改进专利	improvement patent
갱신수수료	续展费	renewal fee
거절결정	驳回决定	rejection decision
거절통지서	驳回通知书	notice of protest
검색	检索	search
경고장	侵权通知	notice of infringement
계속출원	继续申请	continuation application
고소; 고발	控告	impeachment
공개	公布	publication
공개일	公布日期	date of publication
공동 발명	共同发明	joint invention
공동 발명자	共同发明人	joint inventors
공동 특허권자	共有专利权人	all the patentees of the patent
공동체특허조약	共同体专利公约	Community Patent Convention
공동출원인	共同申请人	co-applicants

공보 • 公报 • gazette

공업의장의 국제기탁에 관한 헤이그 협정 • 工业品外观设计国际保存海牙协定

  • The Hague Agreement Concerning the International Deposit of Industrial Designs

공연실시 • 使用公开 • disclosure by use

공용징수 • 征用 • expropriation

공정사용 • 合理使用 • fair use

공중에 기부 • 捐献于公众 • dedication to the public

과학적 발견 • 科学发现 • scientific discovery

과학적 발견의 국제 기록에 관한 제네바 조약 • 关于科学发现国际注册日内瓦条约

  • Geneva Treaty on the International Recording of Scientific Discoveries

구제 • 补救 • remedy

국가코드 • 国家代号 • country code

국내우선권 • 国内优先权 • domestic priority

국제라이선싱전문가협회 • 国际许可贸易执行人协会

  • LESI(Licensing Executives Society International)

국제발명가협회연맹 • 国际发明人协会联合会 • IFIA

국제변리사연맹 • 国际工业产权律师联合会 • FICPI

국제보호 • 国际保护 • international protection

국제사무국연방; 국제합동사무국 • 保护知识产权联合国国际局 • BIRPI

국제산업디자인 분류체계 구축을 위한 로카르노 협정

  • 建立工业品外观设计国际分类洛迦诺协定

  • Locarno Agreement Establishing an International Classification for Industrial Design

국제예비심사기관 • 国际初审单位

  • International Preliminary Examining Authority

국제조사기관	● 国际检索单位	● International Searching Authority
국제특허문헌센터	● 国际专利文献中心	● INPADOC
국제특허분류	● 国际专利分类	● IPC(International Patent Classification)
국제특허분류협정	● 国际专利分类协定	

● International Patent Classification Agreement

국제특허청 간 정보검색협력 파리연맹위원회

● 专利局间情报检索国际合作巴黎联盟委员会 ● ICIREPAT

권리소진	● 权利穷竭;权利用尽	● exhaustion doctrine
기각	● 驳回	● rejection
기간만료	● 期满	● expire
기밀 신청	● 机密申请	confidential application
기밀 정보	● 机密信息	confidential information
기본특허	● 基本专利	basic patent
기술 노하우	● 技术诀窍	know-how
기술이전	● 技术转移	technology transfer
기술자료	● 技术资料	technical data
기술특징	● 技术特征	technical feature
기안일	● 起草日	drafting date
내국민대우	● 国民待遇	national treatment
단일성	● 单一性	unity
당업자	● 本领域技术人员	person skilled in the art
도면	● 附图	drawing
독점권	● 专有权	exclusive right
독점적 통상사용권	● 排他性许可	sole license

독창성	● 独创性 ● originality
등기부	● 登记簿 ● register
등록	● 登记 ● registration
등록가능성	● 授权可能性 ● Authorization possibilities
등록공고	● 授权公告 ● publication of registration
등록공고일	● 授权公告日 ● publication day of registration
등록상표	● 注册商标 ● registered trade mark
등록특허	● 登记专利 ● registered patent
라이선스	● 许可 ● license
라이선스 계약	● 许可协议 ● license agreement
라이센서	● 许可人 ● licensor
라이센싱	● 许可 ● licensing
만료된 특허	● 期满专利 ● expired patent
면책공고	● 免责声明 ● disclaimer
명세서	● 说明书 ● specification
모조품	● 仿制品 ● imitation
모출원	● 原申请 ● parent application
무효	● 无效 ● invalidation
무효심판	● 无效复审 ● invalidation and reexamination
문헌 자료	● 著录资料 ● bibliographic data
물질특허	● 物质专利 ● substance patent
반소	● 反诉 ● counterclaim
반소장	● 反诉状 ● counter pleadings
발급일	● 颁发日期 ● date of issue

발명	● 发明 ● invention
발명배경	● 发明背景 ● background of the invention
발명의 단일성	● 发明单一性 ● unity of invention
발명의 명칭	● 发明名称 ● name of invention
발명자	● 发明人 ● inventor
발명자증	● 发明人证书 ● author's certificate
발명 특허	● 发明专利 ● Invention
발생주의	● 权责发生制 ● accrual basis
발송일	● 发送日 ● sending date
발효	● 生效 ● take effect
발효일	● 生效日 ● effective date
방법특허	● 方法专利 ● process patent
방식심사; 서류심사	● 形式审查 ● formal examination
방어적 공개	● 防卫性公告 ● defensive publication
법인	● 法人 ● legal person
베른 유니언	● 伯尔尼联盟 ● Berne Union
베른조약	● 伯尔尼公约 ● Berne Convention
변리사	● 专利代理人 ● patent agent
병행수입	● 平行进口 ● parallel import
보정	● 修改 ● amendment
보호범위	● 保护范围 ● scope of protection
복심	● 复审 ● reexamination
부여일	● 授予日期 ● date of grant
부정경쟁	● 不正当竞争 ● unfair competition

분류자	分类员	classifier
분할	分案	division
분할출원	分案申请	divisional application
불가항력	不可抗力	force majeure
불충분한 개시	公开不允分	insufficient disclosure
비밀 누설	泄密	breach of confidence
비밀특허	机密专利	secret patent
비자명성	非显而易见性	non-obviousness
사정	查定;审定	ascertainment
산업디자인	工业品外观设计	industrial design
산업상 이용가능성	实用性	practical applicability
산업재산권	工业产权	industrial property
상소	上诉	appeal
상표	商标	trade mark
상표 등록 조약	商标注册条约	Trademark Registration Treaty
상표권 침해	侵犯商标权	infringement of a trade mark
상호명	商号	trade name
서류 송달 주소	文件送达地址	address for service
서비스 마크	服务标记	service mark
서지사항	著录项目	bibliographic items
서지적 사항의 식별번호	著录资料识别码	ICIREPAT
서체의 보호와 그의 국제기탁에 관한 비엔나 협정	印刷字体保护及其国际保存维也纳协定	Vienna Agreement for the Protection of Type Faces and their International Deposit

선발명주의	● 先发明原则 ● first-to-invention principle
선사용	● 先用 ● prior use
선서	● 誓书 ● affidavit
선출원주의	● 先申请原则 ● first-to-file principle
선행기술	● 先有技术 ● prior art
세계저작권조약	● 世界版权公约 ● Universal Copyright Convention
세계지적재산권기구	● 世界知识产权组织 ● WIPO
소급일	● 追溯日 ● retroactive date
소장	● 起诉状 ● pleadings
소특허	● 小专利 ● petty patent
수속보정서	● 手续补正书 ● Formalities Correction Letter
슬라이딩 방식 사용료	● 滑动提成费 ● sliding scale of royalties
승계	● 继承 ● succession
시효	● 时效 ● prescription
식물신품종	● 植物新品种 ● new varieties of plants
식물신품종보호에 관한 국제조약	● 保护植物新品种国际公约

● International Convention for the Protection of New Varieties of Plants

식물특허	● 植物专利 ● plant patent
신규성	● 新颖性 ● novelty
신규성 심사	● 新颖性审查 ● examination for novelty
신청서	● 请求书 ● request
실용신안	● 实用新型 ● utility model
실용신안증명서	● 实用证书 ● utility certificate
실질심사	● 实质性审查 ● substantive examination

실험적 사용	• 实验性使用	• experimental use
실효 특허	• 已终止的专利	• lapsed patent
심사	• 审查	• examination
심사 지연	• 延迟审查	• deferred examination
심사관	• 审查员	• examiner
심판	• 审判	• trial
아프리카 지적재산기구	• 非洲知识产权组织	• OAPI
양도	• 转让	• assignment
양도인	• 转让人	• assignor
양수인	• 受让人	• assignee
양해각서; MOU	• 谅解备忘录	• memorandum of understanding
연체금	• 滞纳金	• late fee
연회비	• 年费	• annual fee;annuity
예고	• 预告	• caveat
예비심사; 초보심사	• 初步审查	• preliminary examination
요약	• 文摘	• abridgment
요약서	• 说明书摘要	• abstract
용도특허	• 用途专利	• use patent
우선권	• 优先权	• priority
우선권주장	• 优先权声明	• priority declaration (审查指南中用了这种翻译方式)
원고	• 原告	• plaintiff
원산지 명칭	• 原产地名称	• appellation of origin

원산지 명칭 및 국제 등록 보호를 위한 리스본 협정

- 保护原产地名称及国际注册里斯本协定
- Lisbon Agreement for the Protection of Appellations of Origin and their International Registration

원산지 표시 ● 产地标记 ● indication of source

유럽특허조약 ● 欧洲专利公约 ● European Patent Convention

유럽특허청 ● 欧洲专利局 ● European Patent Organisation(EPO)

유예기간 ● 宽限期 ● grace period

유지비 ● 维持费 ● maintenance fee

의견제출통지서; OA ● 审查意见通知书

- Office Action(审查指南中首字母大写)

의장권 ● 外观设计专利 ● design patent

이의 ● 异议 ● objection

인스펙 ● 国际物理学和工程情报服务部 ● INSPEC

인용문헌 ● 对比文件 ● reference documents

인접권 ● 邻接权 ● neighboring rights

인증 ● 引证 ● citation

인증된 사본 ● 经认证的副本 ● certified copy

일부 계속출원 ● 部分继续申请 ● continuation-in-part application

일부 무효 ● 部分无效 ● partial invalidity

일부 이행 ● 部分履行 ● partial performance

일부계속출원 ● 部分继续申请案 ● continuation-in-part application

일부변제 ● 部分清偿 ● partial discharge

일부상소 ● 部分上诉 ● appeal made against part of a judgment

일부승소	● 部分胜诉 ● partial victory
일부청구	● 部分请求 ● partial requests
일부패소	● 部分败诉 ● partially lost
입증 책임	● 举证责任 ● burden of proof
자료교환협정	● 资料交换协议 ● data exchange agreement
자연법칙	● 自然规律 ● natural law
자연인	● 自然人 ● natural person
재분류	● 再分类 ● reclassification
저작권	● 版权 ● copyright
저촉 출원	● 冲突申请案 ● conflicting applications
전시회 우선권	● 展览会优先权 ● exposition priority
전용 실시권	● 独占性许可证 ● exclusive license
절차절약원칙	● 程序节约原则 ● principle of procedural economy
접수일	● 受理日 ● acceptance date
정정증명서	● 更正证明书 ● certificate of correction
제소위원회	● 申诉委员会 ● board of appeals
제품	● 制品 ● article of manufacture
제품특허	● 产品专利 ● product patent
조약 국가	● 公约国 ● convention country
조약 기한	● 公约期限 ● convention period
조약 우선권	● 公约优先权 ● convention priority
조회	● 查询 ● query
존속기간	● 有效期限 ● duration
종속청구항	● 从属权项 ● dependent claim

종속특허	● 从属专利 ● dependent patent
주요 특허	● 主专利 ● main patent
중간적 금지명령	● 中间禁止令 ● interlocutory injunction
중간판결	● 部分判决 ● part judgment
중재	● 仲裁 ● arbitration
증거	● 证据 ● evidence
증인	● 证人 ● witness
지적재산권	● 知识产权 ● intellectual property
직권	● 职权 ● authority
직무발명	● 职务发明 ● service invention
진보성	● 创造性 ● inventive
청구항	● 权利要求 ● claim
최저 실시료	● 最低提成费 ● minimum royalties
최적의 실시예	● 最佳方式 ● best mode
최종결정서	● 终局决定书 ● final action
최혜택 조항	● 最惠条款 ● most-favoured provision
추가 특허	● 增补专利 ● patent of addition
출원 취하	● 撤回申请 ● withdrawal of an application
출원공개	● 专利申请公开 ● laying-open of application
출원공고	● 专利申请公告 ● patent application announcement
출원료	● 申请费 ● application fee
출원번호	● 申请号 ● application number
출원서 제출	● 提出申请 ● filing of an application
출원서류	● 申请文件 ● application documents

출원심사	● 专利申请审查 ● patent application examination
출원심사청구서	● 专利申请审查请求书 ● patent examination request
출원일	● 申请日 ● filing date
취소	● 撤销 ● revoke
취소권	● 撤销权 ● right of revocation
취하	● 撤回 ● withdraw
케미컬 업스트랙	● 化学文摘 ● Chemical Abstracts

크로스라이선스

● 交叉许可 (交叉许可一般通过合同实现, 不需要证书, 因此建议删除"证")

● cross license

통상실시권	● 非独占性许可证 ● non-exclusive license
특허	● 专利 ● patent
특허 등록원부	● 专利登记册 ● register of patents
특허 소송	● 专利诉讼 ● patent litigation
특허 소지자	● 专利持有人 ● holder of a patent
특허 실시	● 实施专利 ● exploitation of a patent
특허 재발급	● 再颁发专利 ● reissue patent
특허출원인	● 专利申请人 ● applicant for patent
특허 침해 소송	● 专利侵权诉讼 ● action for infringement of patent
특허공보	● 专利公报 ● Patent Gazette
특허국	● 专利局 ● patent office
특허권	● 专利权 ● patent right
특허권 남용	● 滥用专利权 ● misuse of patent
특허권 사용료	● 提成费 ● royalties

특허권 침해	● 侵犯专利权 ● infringement of a patent
특허권 포기	● 放弃专利权 ● abandonment of a patent
특허권의 상실	● 专利权的丧失 ● loss of a patent
특허권의 소멸	● 专利权的失效;专利权的终止 ● invalidation of right
특허권자	● 专利权人 ● patentee
특허기간의 연장	● 延长专利期限 ● extension of term of a patent
특허등록	● 专利注册 ● patent registration
특허료	● 专利年费 ● patent annuity
특허명세서	● 专利说明书 ● patent specification
특허무효	● 专利权无效 ● patent Invalidity
특허문서	● 专利文件 ● patent documents
특허문헌	● 专利文献 ● patent documentation
특허발명	● 专利发明 ● patented invention
특허번호	● 专利号 ● patent number
특허법	● 专利法 ● Patent Law
특허변리사	● 专利律师 ● patent attorney
특허분류	● 专利分类 ● patent classification
특허사정	● 专利审查决定 ● Patent Examination Decision
특허실시권	● 专利许可 ● patent license
특허실시세칙	● 专利实施细则 ● patent rules
특허유효기간	● 专利有效期 ● duration of patent
특허제도	● 专利制度 ● patent system
특허증	● 专利证书 ● the certificate of patent
특허출원	● 专利申请 ● patent application

특허출원번호 • 专利申请号 • Patent application No

특허출원의 포기 • 放弃专利申请 • abandonment of a patent application

파리조약 • 巴黎公约 • Paris Convention

판결 • 判决 • judgment

판례 • 判例 • precedents

판례법 • 判例法 • case law

패밀리특허 • 同族专利 • patent families

포괄위임장 • 全权委托书 • general power of attorney

표장의 국제등록에 관한 마드리드 협정 • 商标国际注册马德里协定

• Madrid Agreement Concerning the International Registration of Marks

표장의 도형요소의 국제분류 제정을 위한 비엔나 협정

• 建立商标图形要素国际分类维也纳协定

• Vienna Agreement Establishing an International Classification of the

Figurative Elements of Marks

표장의 등록을 위한 상품 및 서비스의 국제분류에 관한 니스 협정

• 商标注册用商品与服务国际分类尼斯协定

• Nice Agreement Concerning the International Classification of Goods and

Services for the Purposes of the Registration of Marks

피고인 • 被告人 • defendant

해외특허출원 • 外国专利申请 • foreign patent application

허가 • 准许 • allowance

허위나 오인을 일으키는 원산지 표시 방지에 관한 마드리드 협정

• 制止商品产地虚假或欺骗性标记马德里协定

• Madrid Agreement for the Repression of False or Deceptive Indications of

Source on Goods

혼합 라이선스	● 混合许可证 ● mixed license
확정재판	● 生效审判 ● effective trial
확정판결	● 生效判决 ● effective judgment
후출원자	● 后申请方 ● junior party

국제발명가협회연맹

● 国际发明人协会联合会 ● International Federation of Inventor's Association

선점	● 占先 ● anticipation
PCT 최소문헌	● 最少限度检索文献 ● minimum documentation

참고문헌

서적

1. (中)《专利审查指南 (2010) 》, 知识产权出版社, 2017.

2. 庄一方, (中)《专利文献的英汉翻译》, 知识产权出版社, 2007.

3. 北京中知智慧科技有限公司, (中)《专利翻译使用教程》, 知识产权出版

   社, 2017.

4.《중국전리심사지침(2010)》, 한국발명진흥회, 2010.

5. 류상민, 김유철,《연봉 1억 영문 특허번역 가이드북》, 넥서스, 2015.

중국 특허출원 히든노트

초판 1쇄 인쇄 2023년 10월 12일
초판 1쇄 발행 2023년 10월 23일

저작권자	한국지식재산협회
펴낸곳	넥스트씨
펴낸이	김유진
출판등록	2021년 11월 24일(제2021-000036호)
주소	서울시 중구 서애로23 3층, 318호
홈페이지	nextc.kr
전화번호	0507-0177-5055
이메일	duane@nextc.kr

ⓒ 한국지식재산협회, 2023
ISBN 979-11-980268-3-5 13360